软文营销实战

方法、案例、问题

郝 川 编著

北京理工大学出版社
BEIJING INSTITUTE OF TECHNOLOGY PRESS

图书在版编目（CIP）数据

软文营销实战方法、案例、问题／郝川编著．—北京：北京理工大学出版社，2016.7

ISBN 978－7－5682－2355－3

Ⅰ．①软…　Ⅱ．①郝…　Ⅲ．①市场营销学　Ⅳ．①F713.50

中国版本图书馆 CIP 数据核字（2016）第 113086 号

出版发行／北京理工大学出版社有限责任公司
社　　址／北京市海淀区中关村南大街 5 号
邮　　编／100081
电　　话／（010）68914775（总编室）
　　　　　82562903（教材售后服务热线）
　　　　　68948351（其他图书服务热线）
网　　址／http：//www.bitpress.com.cn
经　　销／全国各地新华书店
印　　刷／北京画中画印刷有限公司
开　　本／710 毫米×1000 毫米　1/16
印　　张／15
字　　数／185 千字
版　　次／2016 年 7 月第 1 版　2016 年 7 月第 1 次印刷
定　　价／36.00 元

责任编辑／武丽娟
文案编辑／武丽娟
责任校对／周瑞红
责任印制／边心超

图书出现印装质量问题，请拨打售后服务热线，本社负责调换

前言 Preface

软文是相对于硬性广告而言，由企业的市场策划人员或广告公司的文案人员来负责撰写的一种“文字广告”，它以绵里藏针、以柔克刚的“软”，缔造了一个又一个营销神话。

像是脑白金，最初的时候靠软文营销打天下；像是一万格子，用软文营销创百万佳话；像是格兰仕，以剑走偏锋的软文营销创营销佳绩；像是海尔，用软文营销爆家电新潮流；像是王老吉（指现在的加多宝），用软文营销卖断货……

为什么企业要选择软文营销呢？为什么软文营销可以为企业创造销售神话呢？基于此种疑问，本书将带你走进软文的世界，探析软文营销的秘密。

本书全面介绍了软文和软文营销的基础知识，让每一位读者对软文和软文营销有一个基本的了解，为展开软文的写作和软文营销的实行奠定基础；详细介绍多样风情的软文类型，并将写好每种软文类型的方法总结其中，方便每一位读者应用于实战当中。不仅如此，本书中还总结了软文营销的风险、实际操作中会遇到的问题以及免费投放软文的站点等，帮助每一位读者规避误区，节省资金，更好地做好软文营销。

此外，书中每一小节最后都附有经典软文知识链接，用经典的案例或者相关的知识，在丰富正文内容的同时，加深每一位读者对软文及软文营销的理解和认识，从而使读者应用起来更得心应手，有的放矢。

总之，本书本着实用的宗旨，介绍软文及软文营销，旨在帮助每一位软文营销人士、个人站长、网店店主、文案策划人员、中小企业主等提高工作效率及销售业绩，为每一位需要使用软文的读者插上腾飞的翅膀，以物美价廉的、润物细无声的营销方式走入每一位客户的心中，赢得每一位客户的信赖。

作　者

目录

Contents

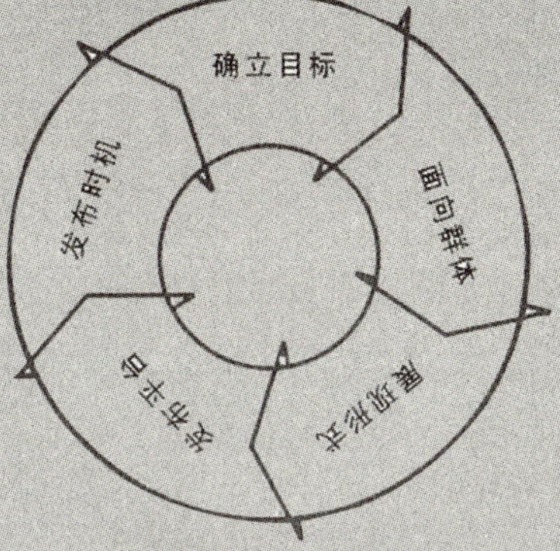

第一章 绵里藏针的软文世界

什么是软文

总体来说，软文是相对于硬性广告而言的，由企业自己的市场策划人员或者广告公司的文案人员专门撰写的一种“文字广告”。

如果更加细致地描述，软文有两种定义，一种是狭义的，一种是广义的。

其中，狭义的软文是比较早期的一种定义，是指企业在报纸或杂志等宣传载体上花钱刊登的纯文字性广告，也就是付费文字广告。

而广义的软文是指企业通过策划后，在报纸、杂志或者网络等宣传载体上刊登的可以提升企业品牌形象和知名度，可以促进企业销售的一切具有阐释性和宣传性的文章。这些文章包括深度文章，包括特定的新闻报道，包括付费的短文广告，也包括案例分析等传达与推广和产品主题相关但又并非直接广告的信息。

其实说得更简单一点，软文就是营销策划人员根据产品的概念诉求和问题分析，对消费者进行针对性心理引导的一种文字模式，是一种引导路线。

与硬性广告相比，软文具有成本低廉、操作简单、可信度高、针对性强、易被接受等优势。更明确地说，软文之所以称为软文，就在于一个“软”字。将要宣传的东西完美融合于文章内容中，触动用户心理，让用户在阅读文章的时候更能了解策划人所要宣传的东西，不仅让用户印象深刻，还能在短时间内左右用户的思想，给用户一种本产品值得信任的印象。这是一种双向赢利的模式，既让客户得到了想要的内容，同时也让企业宣传了想要宣传的东西。

既然软文最终是为了宣传某样东西，那么它的出发点就应该是对大家有益的，一篇好的软文，应该是对大家有价值的。大家看了它就应该觉得它与真正的新闻或者帖子一样，表面上无法分辨。你看了它所讲的内容无论是爱还是骂，都不会想到它是否受了某商业机构的影响，是否是媒体、公关公司或者企业写的，如此便是一篇成功的软文。如果这篇软文让大家觉得它本身就是一种软文，就是为了宣传某样东西而存在的，那么该达到的效果便不会显现，那么就算是一篇不成功的软文。

【经典软文知识链接】

软文所面临的挑战

在现代这个快节奏的社会，“酒香不怕巷子深”的传统商业理念已经一去不复返了。现代商业活动都离不开广告。广告已经成为一个企业进入市场的宣战书，代表着它需要从各方面展开对产品的销售，为企业赢得利润。如今，广告已经成为连接企业、社会、消费者之间的桥梁。

作为现代经济发达的重要产物，广告有硬广告和软广告之分，软广告就是我们所说的软文。其实在广告学理论上，硬广告、软广告之间并没有明确的区分，范围也没有明确的界定。

所谓的硬广告就是我们经常见到的，在报纸、杂志、电视、广播四大媒体上经常听到的那些宣传产品的纯广告。具有传播速度快、“杀伤力”强、涉及对象最为广泛、经常反复可以增加公众印象、有声有色具有动态性等优点；但同时也具有渗透力弱、商业味道浓、可信程度低、时效性差、投入成本高、传递内容简单、时间短等不足之处。

所谓的软广告就是媒体刊登或广播的那些像新闻又不是新闻，像广告又不是广告的有偿形象稿件以及企业对各种活动的赞助等。软广告多以介绍企业新产品、分析本行业状况、人物专访、品牌故事等形象出现，而且大多附有企业的名称与服务电话等。软广告以其多变的风格和极强的渗透力，受到越来越多企业的喜爱。事实也证明，好的软广告可以发挥事半功倍、四两拨千斤的作用。虽然具有如此多的优点，软文也在面临着挑战。

➢ 传播面窄，时效性差

软文大多被包装成新闻的形式出现在当日或者当月的某份报纸杂志上，传播面仅为报纸杂志的当期读者，传播面窄而且时效性差。因此，企业要想达到自己的广告目标，需要花费很多的精力在广告载体的策划和软文的呈现风格上面。

➢ 软文质量难以把控

因为目前媒体的水平高低不一，而且容易受到经济利益的驱动，所以造成了软文质量难以把控的局面，导致一些虚假广告出现，欺骗消费者。而最终的后果就是连累整个企业的名声。所以要想提高软文的影响力，必须先提升其质量。

➤ 过分赞美或贬低

在软文中过分赞美自己的产品，夸张贬低他人的产品，是软文操作上普遍存在的问题，而这个问题会让消费者感觉到企业的宣传味道太浓，大大削弱了软文润物细无声的作用，长此以往还会使消费者产生排斥心理。所以在软文中宣传产品，还是要本着以客观事实为主，稍微赞美为辅的路线，太过分了要不得。

➤ 软文有可能被封杀

时代在进步，新闻媒体行业的纪律也越来越规范，像是软文这种有偿新闻也正在被抵制，有被封杀的可能。所以企业所要做的就是积极开拓软文的其他形式，进行软文的发展与革新。

软文分为哪几类

软文的分类是非常多的，从不同的出发点来分，分类也不尽相同，主要的分类有以下几种：

一、从发布载体来分

我们把传播信息的媒介称为载体，目前在信息传播中，常见的按载体来分的软文即以下两种：

1. 平面媒体软文。此种软文是指在报纸、杂志等纸质媒介上发布的软文。

2. 网络媒体软文。此种软文是指在网站、博客、论坛、贴吧、微博、微信、游戏等网络媒介上发布的软文。

总之，企业会根据实际情况来选择最经济但是最有利的发布载体，与此同时要做的就是写出适合这种发布载体的软文，因此，无论是哪种发布载体，软文本身的质量和配合是相当重要的。

二、从软文内容来分

软文的内容可以是多种多样的，但是总体而言，最常见、最能引起读者共鸣的有以下三种：

1. 情感型软文。无论在什么年代，在什么时候，打感情牌基本上都不会出错，因为是人就有感性的一面，是人就会有被感动的时候，所以直击人类最柔软、最脆弱的感情，是软文中非常靠谱的一种类型。因此，只要是跟感情有关的产品或者品牌，都可以写成情感型软文。比如说，我们经常看到的“好老公的十大标准”“我和老婆有个婚纱约会”“一双好鞋带我遇见对的他”“写给那些战‘痘’的青春”等。这样的软文，都是将产品或者品牌，比如婚庆、婚纱、鞋子、女性用品等，融入一个情感故事或者跟情感相关的总结性文章中，以此引起用户或者消费者的共鸣，从而达到宣传、销售等目的，堪称营销中屡试不爽的灵丹妙药。

2. 经验型软文。经验型软文跟体验稿一样，就是打着分享经验的旗号，将某产品或者某品牌植入软文当中，直截了当地告诉大家某产品或某品牌的效果，以此引起用户或者消费者的注意，然后推荐消费者购买。比方说我们经常看到的“一个月，我瘦了二十斤”“学我，轻松祛斑”等，都是将减肥产品、化妆品植入软文中，以自己的经验为主线，巧妙融入所用产品，讲述自己的蜕变，再附上照片加强“杀伤力”。

3. 争议型软文。争议型软文多靠制造话题或者直接借助热点话题创新等方式产生卖点，以此引起读者或者用户的关注。因为争议、冲突、热点一向是人们关注的焦点，在此基础上将所要宣传的产品或者品牌植入其中，自然会得到更高的曝光率。比如“90后都加盟我们年赚百万了，你们还在等什么”“明星都在用的化妆品”“只有富二代才能买得起的车”等，都是在制造争议，吸引大家的眼球。但是写争议型的软文一定要注意不能太离谱，以免引起反效果。

三、从实际操作来分

一般在实际操作中，软文会因为不同的产品、目的而出现不同的类型，大体上而言主要有以下三种：

1. 新闻类软文。新闻是我们每天都在关注的东西，也可以说我们在透过新闻看这个世界每天都发生了些什么。目前，我国每天流动的新闻数量已经超过了3亿，新闻，早已在不知不觉中引导了人们的消费习惯。因此，新闻类软文成了软文营销中非常热门的一种营销方法。将产品或品牌通过新闻的方式进行预热或曝光，能得到很好的效果。通常，我们将新闻类软文分为如下三种：

（1）新闻通稿。原本新闻通稿是新闻通讯社在采访到重要的新闻之后，以一种统一的稿件方式发给全国的媒体，媒体再转发该新闻的一种方式，是新闻通讯社的专利。到现在，新闻通稿已经不是新闻通讯社的专利，很多企业在发布新闻的时候，也可以为了统一宣传口径而组织、提供通用稿件给需要的媒体。这里所讲的新闻通稿是后者。这种新闻通稿类软文写起来非常简单，只要能用流畅的文字、准确的语言、清晰的层次和明确的逻辑将事情表达清楚、完整即可。但是同时这种类型的软文也具有宣传效果不够深入的弊端。

（2）新闻公关稿。很多企业都不会满足于新闻通稿只起到广而告之的作用，因为想要更好地销售产品，就要进一步增强营销的效果。这时候更加专业而细化的新闻公关稿就派上用场了。一般而言，这种类型的软文是以媒体的方式、新闻的手法对与产品或品牌相关的某一事件进行报道，有的企业为了增强可信度，甚至会专门聘请真正的记者来写。因此，这种夹杂在正常新闻之间、完全用新闻体进行组织的软文，语言是非常专业的，常常让很多非专业人士防不胜防，大大增强了产品的营销效果。但是这种类型的软文往往容易变成说教式的文章。

（3）媒体公关稿。媒体公关稿相较于语言过于公式化的新闻通稿和内容偏说教、单向灌输式的新闻公关稿来说有较大的优势，因为它一般采用新闻访谈的形式来写，把企业想要表达的内容和理念通过与媒体的谈话表现出来，这样更具有吸引力、亲和力和感染力，在渗透、感召和互动性上都比前两者要强，更容易让读者接受。但是这种稿子大部分都是企业为了增加销售量和知名度主动付费找记者来采访的。

新闻类软文之所以成为实际操作中最为常用的一种软文，是因为新闻的公信力和可信度较高。而想要写出一篇好的新闻类软文，就要有好的新闻源。一般而言，获取新闻源的途径有以下几种：

第一种是企业新闻源，一般重点放在企业能够吸引眼球的重大事件上，比方说企业的商业联盟事件，危机公关事件，行业特色事件，娱乐营销事件和慈善活动事件等。像并购、赞助娱乐活动、参与慈善活动等都属于企业新闻源。

第二种是企业领导人新闻源，一般的重点放在领导人的创业故事上，其中穿插领导人发表过的有关该行业的观点，对社会的热点评论，博客、微博、微信的推广，领导人的社会责任感和获得的荣誉等，以上这些都属于企业领导人新闻源。

第三种是产品新闻源，一般的重点放在新产品上市，社会各界对产品的测评和点评，产品联动、导购和买家体验等一系列与产品相关的新闻上。

第四种是文化新闻源，一般的重点放在品牌故事上，这其中包括企业的价值理念，企业的文化观，企业的成长史等。

从以上几种途径获取好的新闻源，以公信力和可信度为核心，然后诉诸笔端，基本上就能成就一篇好的软文。

2. 行业类软文。行业类软文是以扩大行业影响力，奠定行业品牌地位而写的一种面向行业内人群的软文。因为行业影响力的大小和行业品牌地位的高低直接影响着行业在业内的核心竞争力，甚至影响到用户或者消费者的最终选择，所以对于写作这类型软文的要求是相当高的，不仅要在明确写作目的和写作要求的基础上融入与该行业相关的专业知识，还要耗费一定的时间和精力去搜集有针对性的资料，最后以自然流畅、几乎没有广告痕迹的方式写作出来，这样才能成为一篇好的行业类软文。

行业类软文要想比较容易地建立起知名度和影响力，一般在写作上可以从以下几个点着手：

（1）分享类软文。这种软文在实际操作中也分为两种类型。一种是以传播知识和经验为主的经验分享类，另一种是在观点上也就是思想上进行交流为主的经验分享类。

前者利用的是人类心理中的“互惠原理”，即别人从你这里得到了好处，自然而然就会想要向别人推荐你或者报道你。比方说有个女生想去掉脸上的痘痘，在使用了某种祛痘产品并取得了成效的时候，自然而然就会向同样有痘痘烦恼的姐妹推荐这种祛痘产品，那么无形中就形成了宣传的效果。在写分享类软文的时候，就可以利用信息受众的这种心理，通过传播有价值的行业知识或者行业经验，帮助读者解决问题后，读者就会向身边的人推荐你的产品，久而久之，企业在行业内的品牌地位就随之建立起来了，通过软文进行营销的目的就达到了。但是经验分享类的软文要求具备较强的行业知识，所以并不适合所的人来写。

后者写起来比较简单，只要有思想并且善于思考基本上就能写出此类型的软文。因此在很多行业网站上可以搜索到各种专栏作家，实际上他们所写的就是这样的软文。通过专家知名度和软文的表达引起读者的共鸣，以此达到营销的目的。

（2）评论类软文。这类软文多采用第三方评论的方式进行。因为王婆卖瓜自卖自夸，自己说自己的东西好，别人很难相信，但是别人说你的东西好，则会有人相信。所以现在很多企业都会邀请行业内的专家对自己的产品进行评价。评价可以是客观公正的，也可以是偏向正面的，还可以是负面的。但是负面的评价在操作的时候，一定要一眼就让别人瞧出来这是假的，不然不仅不会起到宣传的目的，反而会产生反效果。

（3）人物访谈类软文。这种软文是一种双赢的软文，无论对于企业，还是访谈企业的人或者媒体来说，都有好处。因为在对各种企业的领导人进行采访并将采访内容发布的同时，不仅仅是替企业打造了行业品牌，提升了影响力，还为自己积累了很多优质的人脉资源。现在的互联网行业中就有一些网站专门从事这种工作，宣传别的企业领导人的同时也宣传了自己的企业。

（4）权威资料类软文。这类软文是含金量比较高的，重点放在对行业的数据调查、报告分析、趋势研究等方面，这些东西是每个行业都迫切需要的。目前就有一些专业的电子商务咨询公司定期发布一些有关电子商务行业的研究资料，因为实际、专业且又能满足同类行业的需求而广受好评。

3. 用户类软文。这类软文即产品软文，面向的是产品用户或者最终消费者，它的主要目的就是赢得用户或者消费者的信任，增加产品在用户或者消费者中的知名度与影响力，最终引起购买。此类软文主要是针对五花八门的产品来创作的，所以种类也是多种多样的。最常见的种类有以下几种：

（1）知识经验型软文。这类软文是非常吃香的，就像在网上买东西之前我们总是要先看看这件东西的评价一样，在做一件事情的时候我们也总会在网上搜索一下有没有这方面的相关经验可以供我们参考。比方说减肥的经验、治疗某种疾病的经验、装修的经验等。所以根据读者的这种需求，企业完全可以将自己的产品信息软性植入到系统的知识经验当中，别人在浏览经验的同时，会记住你家的产品，买来一试的概率是比较大的。

（2）故事型软文。故事可谓是老少通杀，无论是老人还是孩子，都是听着各种各样的故事长大的。因此，故事是一种经典而且容易让人记住的传授知识的方式。企业可以根据自己产品的作用和特点，调查一下目标受众喜欢听什么样的故事，然后围绕着产品编写出他们喜欢的故事，这样就能轻而易举地推销出自己的产品了。

（3）情感型软文。情感型软文与故事型软文一样，人们爱听故事，因为人们都是有感情的动物，所以如果软文能够写成情感型，打动读者的内心，引起读者共鸣，就能起到非常好的营销效果。

（4）娱乐型软文。如今的社会，人们每天忙于学习、工作，压力普遍偏大。因此，娱乐型的软文比较受欢迎。在让读者轻松一笑的同时，还能留下对产品的印象，何乐而不为呢。最重要的一点就是，娱乐型软文如果写得好，即使大家知道它是在宣传某样东西，还是会转发或者传播下去，因为它具备的娱乐精神能让大家会心一笑。

（5）爆料型软文。心理学上说人都希望能够了解他人所不了解的东西，有打探别人隐私或偷窥的欲望，所以爆料型软文就是利用人的这一心理特点，以揭秘为主题发布文章，吸引大家的眼球。但是，写这类型的文章最好有一个基本的底线和前提，不以损害他人、国家的利益为前提。

（6）资源型软文。此类型软文如果找到针对性，写得好的话，几乎对每个人都适用，因为无论各行各业还是个人，都希望能找到对自己有用的好的资源。如果能找准用户需要的资源，并且整理汇总进行编辑传播，那么对于自己品牌的提升也非常有好处。比如你是做 SEO 的，有人整理出了一份非常完整的能够发外链的论坛地址汇总，那么你搜索到了这份资料，一定会非常感激整理这份资料的人。

（7）悬念型软文。此类软文多出现在化妆品、保健品一类的营销当中。全文围绕着一个主题，采用自问自答的形式对这个主题进行分析解释，达到让消费者或者用户充分了解此类产品的目的。

（8）恐吓型软文。人都有内心恐惧的时候，此种类型的软文就是抓住了这一特点，以一个直击用户或者消费者内心软肋的结论为主题，让用户意识到问题的严重性，然后再给出解决的方法。这样的软文，会在心理上给用户或者消费者一定的压迫感和紧张感，所以他们形成的记忆也就尤为深刻。一般很多医学类的软文都会用恐吓的方式来写。

（9）促销型软文。此种类型的软文我们经常看到，它是通过数字游戏或者促销手段等方式来吸引用户的目光，达到点击、转发的目的。

（10）综合型软文。所谓综合型软文就是不拘泥于一种固定的形式，软文类型多种多样。其实，在软文写作上进行不断地创新，不断地发展，才是软文营销的真谛。

用户类的软文无论怎样变化，都离不开一个核心，那就是它最终面对的是消费者或者产品用户。所以，无论以何种类型呈现，都要以用户需求为主，都要以赢得用户的好感和信任为主。

【经典软文知识链接】

穿"哈特威"衬衫的男人

美国人最后终于开始体会到买一套好的西装而被穿一件大量生产的廉价衬衫毁坏了整个效果，实在是一件愚蠢的事。因此在这个阶层的人群中，"哈特威"衬衫就开始流行了。

首先，"哈特威"衬衫耐穿性极佳——这是多年的事了。其次，因为"哈特威"剪裁的低斜度及"为顾客定制的"衣领，使得您看起来更年轻、更高贵。整件衬衣不惜工本的剪裁，使您更为"舒适"。

下摆很长，可深入您的裤腰。纽扣是用珍珠母做成——非常大，也非常有男子气。甚至缝纫上也存在着一种南北战争前的高雅。

最重要的是"哈特威"使用了从世界各角落进口的最有名的布匹来缝制他们的衬衫——从英国来的棉毛混纺的斜纹布，从苏格兰奥斯特拉德地区来的毛织波纹绸，从英属西印度群岛来的海岛棉，从印度来的手织绸，从英格兰曼彻斯特来的宽幅细毛布，从巴黎来的亚麻细布，穿了这么风格完美的衬衫，会使您得到众多的内心满足。

"哈特威"衬衫是缅因州的小城渥特威的一个小公司的虔诚的手艺人所缝制的。他们老老小小在那里已工作了整整114年。

您如果想在离您最近的店家买到"哈特威"衬衫，请写张明信片到"GF哈特威"缅因州渥特威城，即复。

以上这则广告是著名广告大师大卫·奥格威的得意之作。在文章开篇之处以一件公认的愚蠢的事，引起消费者的好奇和共鸣，让他们认为好西装被坏衬衫破坏的确是一件很愚蠢的事情。然后消费者自然而然就会想到，该如何解决这件事情呢？随后大卫·奥格威点明"哈特威"衬衫就是避免这种愚蠢的法宝。他列出它的优点，点明穿了它会有怎样的效果，让人看完之后觉得拥有114年工艺的有如此多优点的衬衫，真该买一件。

这样一篇短小精悍的软文，却使用了USP理论和品牌形象论。前者是罗瑟·里夫斯提出的独特的销售主张，它的特点在于通过有说服力的独特性证明一个品牌的精髓，这篇文章当中大卫·奥格威就是用“哈特威”衬衫独有的优点证明了其精髓；后者是大卫·奥格威自己提出的创意观念，他认为品牌形象不是产品固有的，而是消费者联系产品的质量、价格、历史等，因此，每一则广告都应是对构成整个品牌的长期投资。这篇出自奥格威之手的软文，就是这一观点的证明。

软文的发布平台有哪些

软文发布平台是供广告营销进行营销推广的一个综合、整合专业的传媒资源进行软文发布的一个平台。它以软文的形式通过软文发布平台媒体渠道进行发布，为个人宣传、企业宣传找到了一个新的突破口，让个人、企业通过软文发布平台将自身推广做得更突出、更新颖、渠道更广等。

对消费者或者产品用户来说，有的时候硬广告会让他们感到厌烦，但是软文就不一样了，不仅具有可读性，实用性也比较强，容易被大家接受，具有很好的营销效果。因此，软文的发布平台也就格外受到各种企业的重视。目前，软文发布平台有以下几种：

一、纸质媒介

纸质媒介包括报纸、杂志、书籍以及 DM 等，其中，发布在报纸、杂志、书籍等纸质媒介上的软文质量都是比较高的，但是想要发表则比较难，要经过审核之后才能发表，而且传播速度也比较慢。DM 则是快讯商品广告，一般宣传的方式为邮寄、定点派发、选择性派送等，比较有针对性，但是也因此导致受众比较小，宣传力度不够大等问题。

二、网络媒介

在如今这个互联网时代，网络媒介是时效性最强，而且传播速度最快的一种软文发布的平台。每天都有成千上万的软文发布在各种网络媒介上。它主要包括：

1. 新闻。在新闻类的网络媒介上发布软文，由于是新闻，所以比较容易取得人们的信任。同时外链作用比较大，也会被搜索引擎很快地收录。但是也因此需要支付一定的费用。

2. 论坛。在论坛上发布软文的优势是能够很快地被搜索引擎收录，美中不足的是论坛的曝光率有限，需要提前跟论坛管理人联系置顶才能收到比较好的效果，同时，论坛不能带外链。

3. 博客。在博客上发布软文是一种比较好的方法。因为博客软文是由第三方博客和独立的博客软文构成的，对外链几乎没有限制，增加外链也可以，能够得到很多的搜索和转发。但是，要长期坚持才可以建立口碑。

4. 门户网站。在门户网站上发布软文与博客很相似，可以带外链，对网站外链增加十分有好处，而且转发率也很高，但是需要经过审核才能发布。这其中比较常见的就是 IT 门户网站。

5. 分类信息网站。在分类信息网站上发布软文也可以，但是像 58 同城、赶集网、百姓网等比较大的分类信息网站会对发布的软文进行审核，审核通过才能发布，审核不通过就发布不了，而且有些分类信息网站不允许带外链。

6. 微博。在微博上发布的软文有字数限制，一般不能超过 200 个字符。至于效果好不好要取决于粉丝的多少。如果粉丝多的话即使在目前搜索引擎对微博的抓取不太多的情况下也能够得到很好的传播。

三、其他媒介

其他媒介包括手机、广播、电视等。手机多是手机短信、手机报等，广播、电视则多是访谈类节目。

以上三类媒介一般软文都能发布，而我们所要做的，就是在这三类媒介中找到适合自己的。以市场推广及其相关人员发布的经验交流性文章为例，此类行业人员发布与专业相关的软文的时候，比较适用的媒介有以下几种：

第一种是 DoNews，它是 IT 社区和媒体平台，2000 年 4 月创立以来，只用半年的时间就成了我国最大的 IT 写作社区。在这里有很多专业知识和实践都非常过硬的人，能够交到朋友，也能学习到知识，在这里发布软文是非常不错的。缺点是申请 DoNews 的专栏需要认证，过程有些慢。

第二种是 TechWeb，它只有博客没有专栏，知名度虽然没有 DoNews 高，但是对于业内人士来说也是比较有用的媒介。不足是申请起来有些慢。

第三种是 SNS 类网站，它是一种社交网站，人人网、开心网、5G、TW 同学录等都属于 SNS 类网站。在这些网站上，志趣相投的人可以相互交流。其中后两个网站中几乎全是做市场推广的业内人员。

除了以上三种之外，还有站长类网站、艾瑞专栏、落伍者、淘宝社区等，大家可以自己研究一下，看看上面的软文推广是如何做的。

【经典软文知识链接】

网络广告媒介的特点

➢ 传播速度快，时效性强

网络无须加工、制作，能够借助电子技术把世界各地几分钟前刚刚发生过的新闻事件直接刊发，迅速传播，时效性非常强。

➢ 信息容量比传统媒介大很多

信息网络是一个没有边界的数字化空间，在这个空间里，企业可以十分详尽地介绍各种商品信息和企业信息，无论是产品本身还是企业文化，只要企业想宣传，写一系列的软文也可以，这是传统媒体所不具备的，能够满足公众深入了解产品的需求的一种优势。

➢ 有效覆盖面更大

网络上刊发的信息与传统媒体上刊发的信息不同，它是没有国界的，可以发送到有互联网的任何国家和地区，无论是哪个国家或地区的人，只要点击相关网页，就能浏览其中的所刊载的信息。

➢ 费用更低廉

在网络上创作广告，创意设计和制作几乎不用材料费用，一切工作都可以借助计算机平台完成，而且发布广告也更加经济，具有明显的集约化效应，是实现广告“最小化投入、最大化收益”目的的最佳途径。

➢ 优点独具

网络广告具有极强的互动性、灵活性、逼真性，其持续时间长、效果测试容易统计，这些优势都是传统媒介所不具备的。

软文的撰写步骤及技巧

如今，随着企业竞争的加剧，各种媒体上更容易被消费者或者用户接受的软文越来越多，怎么让自己的软文在众多软文中脱颖而出就成了各个企业都在关心的问题。而软文相较于其他的文章要难写很多，因为它不是自由的文学创作，而是专门针对消费者或者用户进行撰写的文章，需要得到他们的良好反应，达到宣传的目的。那么，软文到底该怎么写呢？有什么步骤及技巧呢？

一、软文撰写基本步骤

软文通常由三部分组成，即主题、标题和内容。要想写好软文，首先要了解这三部分。

1. 定位主题。主题是软文所要表达的中心思想，无论什么样的文章，主题都是其内容的主体和核心，所有的内容都是围绕主题展开的。现在很多报纸、杂志的软文广告都按字数收费，要在有限的篇幅里面，把一个问题说到点子上，你必须要惜墨如金，把你的笔墨集中、尖锐地体现在一个主题上；因此撰写广告软文必须要有非常强的针对性，特别强调要有一个明确的主题。我们必须明确所撰写的广告软文的目的和用途，必须明确撰写的软文是用于品牌推广还是促销宣传。所以，要想写好一篇软文，首先要定位主题。

2. 写好标题。被誉为现代广告教皇的大卫·奥格威认为，标题是大多数广告最重要的部分，它是读者第一眼看到的东西，是决定读者读不读正文的关键。因此，想要写一篇好的软文，标题一定要想方设法引起读者的兴趣。

3. 润色内容。内容是软文的灵魂，决定着软文的质量，也决定着读者是否会继续回访，因此，软文内容的好坏至关重要。一般而言，软文的内容分为五个要素，即对谁说、说什么、为什么说、何时说、何地说，也就是我们常说的 5W（Whom、What、Why、When、Where），一篇软文无论是什么样的，内容都是围绕着这五要素进行的，缺一不可。

二、软文撰写的技巧

1. 找到标题撰写的技巧是重中之重。

2. 注意将作者抽离其中。软文最重要的目的是营销，无论是营销个人、公司还是产品，作者都最好不要牵涉其中，这样才不容易被读者看成炒作。比如说要写一篇“2013 年十大网络红人”的软文，如果作者本身就是十大红人之一，会让读者产生作者真自恋、在炒作等负面的感受，相应的软文的接受力也会受到影响，因此，即使作者与软文有关，署名也一定要是大家不知道的名字。

3. 素材来源要做好把关。最好的素材是把自己的案例、热点时事和别人的案例融合在一起，分析总结成有想法、有创新的自己的东西。不要随随便便找一篇软文改几个字或者几篇软文拼凑一下就当成自己的软文，这给读者留下的阅读感受不会太好。

4. 文章的内容撰写要有三个特点，实用、创意和易懂。所谓实用就是你写的文章对读者来说有价值、有用处，能够给读者带来帮助；所谓创意就是文章具有创新力，比较新颖，给读者眼前一亮的感觉，容易引起读者的好奇心；所谓易懂就是文章不要太过咬文嚼字，辞藻不要太过华丽，写得通俗让读者能读懂最好。

【经典软文知识链接】

软文开头的四种写法

软文开头往往是决定读者是否继续读这篇文章的关键，好的软文开头，有“凤头”“爆竹”的美誉。“凤头”文笔优美，给人一种美的享受；“爆竹”听着震撼，为全文营造氛围。一般有以下四种写法：

➢ 开门见山

开门见山是软文开头常用的写法，用朴实的语言直奔主题，引出软文中的主要人物、点出故事、解密主旨、点明说明对象等，绝不拖泥带水。如小学课本中的《老牛》的开头：“可爱的故乡的许多景物，一直留在我的记忆里，特别是我家那头瘦骨嶙峋的老牛，更使我不能忘怀。”只用三四十个字就点明了要描写的对象并展开内文。《我爱故乡的杨梅》的开头：“我的故乡在江南，我爱故乡的杨梅”更是简短，干脆利落地交代了描写对象。

➢ 情境导入

情境导入是在软文的开头有目的地引入、营造软文宣传目标所需要的氛围、情境，以此引起读者的情感共鸣，调动读者的阅读兴趣。此种方法算是对软文内容的预热。如“‘大海啊，大海，就像妈妈一样，海风吹那个海浪涌……’人世间最伟大的母爱，正如这宽阔而博大的大海，面向大海，想起母亲，自然会有种海子的‘面朝大海，春暖花开’的感觉，温暖而亲切。”

文章的中心思想是表达母爱，开头便用比喻的方法表现母爱的博大与温暖，轻易将人带入情境中，为下文的展开做铺垫。

➢ 引用名句或者自创经典话语

文章开头可以引用名句或者精心设计一个短小精悍、扣题又意蕴丰厚的句子来引领全文，凸显文章的主旨和情感，以此来提高软文的可读性。如用“人，相互搀扶才淡定从容；路，相伴而行才风景迷人；节，相互惦记才分外温馨。天涯不过咫尺，幸福不过此时。”来引出“最感动的时刻是亲人朋友的想起”这样一个中心思想，思念人人都有，用这句话可以引出读者内心的真情实感。

➢ 巧用修辞

软文开头可以用比喻、比拟、借代、夸张、对偶、排比、设问、反问等修辞手法来引出下文。由于修辞手法非常多，不但写起来容易，而且还可以变换不同的开头风格。如《翻检日子》的开头：“日子像手中的细沙，一不留意，就纷纷从指间流逝，而且义无反顾。”将日子比喻成手中沙，形象而且文笔优美。

软文正文的五种布局

软文布局就是将文章撰写所用到的材料、作者的认识等，围绕软文的中心思想进行排兵布阵，创造出一篇合理和谐、可读性强的完整软文。软文的布局讲究“凤头、熊腰、豹尾”，“凤头”上文已经讲过，“豹尾”下文会讲，这里主要讲“熊腰”，即软文的正文要内容详尽。

➢ 总分总式

总分总式在软文写作中是非常常见的一种，即开篇点题，正文部分围绕中心思想分成几点展开讨论，一一进行叙述，最后在结论部分加以总结、引申等。运用总分总式要注意无论如何分，都要围绕同一个中心思想进行，而且分总之间的联系要紧密，不要脱节，要让读者看完之后产生一种一气呵成的感觉。

➢ 悬念式

悬念式就是在文中设置一个悬念，一直不作解答，以此引起读者的阅读兴趣。一般可以采用的方法有设疑，设置疑问后随着文章的展开而逐层剥开；倒叙，将最容易引起读者兴趣的东西先讲出来，但是不讲原因；隔断，应用于头绪较多的事情，一头引起读者兴趣，继续往下看时却戛然而止，再用另一头引起读者兴趣，直到找一个适当的时机将谜底揭开。这三种写作方式一般都可以轻松吊足读者胃口，诱导读者一步步阅读文章，体会谜底揭开那一刹那的豁然开朗之感。

➢ 抑扬式

抑扬式有欲扬先抑和欲抑先扬两种情况，欲扬先抑是褒扬一个人物或产品，但是不从褒扬着手，而是从贬抑落笔，这时的“抑”是为了更好地“扬”。欲抑先扬与前者刚好相反。用抑扬式写软文，有利于文章情节的多变，不易让人看透结局，这样的软文才能引起读者的阅读兴趣。

➢ 并列式

并列式适用于写作对象呈横向、静态的软文，此类软文的特点是：各部分之间没有紧密的联系，独立性强，但是又共同为同一个主旨服务；变换先后顺序不会影响全文逻辑；省略其中一部分也没关系……比较像排比句。简单来说就是将一个问题从不同角度、不同方面来进行阐述，从而形成一篇覆盖面广、条理性强的高质量软文。

➢ 片段组合式

片段组合式是选择几个典型、生动的片段，将它们有机地组合起来共同烘托一个主题的写作方法，一般人物传记常用这种方法，既可以写人物，又能叙述与人物相关的事件，同时还能宣传产品，烘托品牌，这样写出来的软文内容多面而立体，也是读者非常喜欢的一种。

软文结尾的六种方法

好的文章结尾被称为“豹尾”，即结尾巧，强而有力，是文章的完美收官。以下这六种方法，可以帮助大家写好软文结尾。

➢ 自然收尾

在软文内容表达完毕之后，自然而然地结束全文，没有刻意雕琢、丰富辞藻的痕迹，给人一种水到渠成的感觉即可。一般记叙性文章多用此种结尾。

➢ 首尾呼应式结尾

首尾呼应式结尾可以让文章结构更完整，开头提出的观点、论题得到结尾的总结，能够使文章更加浑然一体，给读者阅读上的舒适感。一般议论性文章多用此种结尾。

➢ 抒情议论式

抒情议论式结尾是用作者心中的真情激起读者情感波澜的一种很好的方式，这样的结尾一般容易引起读者的共鸣，具有很强的艺术感染力。这种结尾方式应用较广，一般记叙文、说明文、议论文都可以用到。

➢ 请求号召法

在前文讲清楚道理的基础上，可以在结尾处使用请求号召法，向人们提出某些请求或发出某种号召，如“大家一起行动起来，将禁止虐待动物的善举进行到底吧!”

➢ 结尾展开联想

结尾展开联想就是由此及彼、由表及里、由小到大、由具体到抽象等，使主题得到升华，如“父母爱我如生命，相信全天下的父母都是这样的无私和伟大”。

➢ 祝福式

站在第三者的角度对软文中的人或事或物进行祝福，如“愿大家永远有一个健康的身体!”

经典软文具备什么优点

一篇软文，想要成为经典，想要被无数次地转载，想要不花一分钱就达到非常好的推广效果，那么它必须具备以下优点：

一、标题具有吸引力，夺人眼球

软文的标题，是给读者的第一印象。一篇软文要想吸引读者的眼球，标题是否具有吸引力，能否夺人眼球是非常重要的。一篇经典软文的标题，必然是：

1. 最热门、反面的话题。名人、八卦、赚钱、伦理、道德底线、言情等一直是最热门，最容易出现反面内容的话题，这是最容易吸引读者眼球的，将想要宣传的东西嵌入其中，可以很快吸引读者的注意力。比如说在名人、八卦、赚钱、伦理、道德底线、言情等经久不衰的热门话题中，插入与之相关的产品，会给人更深的印象，转载率也会更高。比方说发布于

2013年3月15日的“何润东点评央视315后缀‘8点20’引发争议”这篇软文，发出后即被各大门户网站转载。因为它符合315打假的时下热点，还有名人效应，具有八卦性，堪称软文中的经典。

2. 具有震撼力和诱惑力。可以利用能够瞬间使读者产生心灵震撼的词汇或者短语等，引起读者心灵的共鸣。比如说有一篇宣传某胶囊治疗骨病的软文，标题是《8000万人骨里插刀》，仅仅是简简单单一个标题，就能一把抓住读者的注意力，引起读者的好奇心，让读者想看看什么是骨里插刀，为什么会有8000万人之多。而当读者阅读完文章之后，知道是描写骨病患者的，又会觉得它将骨病患者的痛苦描写得淋漓尽致，十分贴切。

二、题材新颖，原创性高

一般能够成为经典软文的，大都是题材新颖，原创性高的，不会是随便找些陈旧软文拼凑出来的。人们虽然总是调侃“天下文章一大抄”，但是阅读的时候，题材新颖、原创度高的文章依然是最受欢迎的，同样，搜索引擎也是如此，新颖、独特的文章才能吸引它。

三、体验度高，内容有价值

如果想要软文的体验度高，最关键的还是内容有价值，做到言之有物。软文写之前考虑这篇软文是否值得写，有没有写的价值。在写的时候考虑如何才能让读者觉得真实、恰到好处。此外，也要注意内容的长短，因为太长容易让读者失去阅读的兴趣，太短则达不到应有的阅读效果。总之，体验度高、内容有价值的软文就是用事实的语言打造出新闻的效果，让读者一眼看到，读得下去，并留下印象。

四、软文创作易于传播，利于别人转载

一篇软文能否起到营销效果，关键是在转载量上，转载的人越多，收益也就越大。找一些权重比较高的、容易被采集的网站，如百度博客、落伍者等，将软文上传，增加阅读转载量。

五、软文中有相关网址，提升网站权重

网址是软文推广的核心，链接附在哪里非常重要。有人会将软文链接附在文章底部，但是效果往往差强人意。而经过验证后发现，将链接留在文章中间，可以将转载率提升到50%，大大提升网站权重。

一篇软文如果能做到以上五点，就是一篇高质量的软文了。平时多多学习软文的相关知识，开拓自己的眼界和思维，多练多写，自然能够找到窍门，写出受欢迎的经典软文，让消费者行动起来。

【经典软文知识链接】

一个被99%的人忽视的卫生习惯

这是一个会让人感到尴尬和不适的话题，但是我们不应该回避。上完厕所，我们都已经习惯用纸擦拭，认为这样就是干净的，其实这是非常不卫生的，因为用纸根本无法擦干净！在发达国家人们已经摒弃这种做法，他们使用温水冲洗。这样不仅卫生，而且比用纸擦更舒服。

我们祖上用瓦片、树叶，我们现在用手纸，将来应该用什么？——洁身器。

建设部颁布的行业标准中明确，未来住房建设中，卫生间坐便器旁，必须预留10A洁身器插座！

➤ 多数人还没意识到危害

不要小看便后用纸擦拭的习惯，它的危害很多。很多人以为用上卫生

纸已经很卫生了，其实，这是一个很大的认识误区。用纸是根本无法擦干净的，就如同手脏了用纸擦不干净一样，必须用水洗。这个常识大家都知道，可是大家在处理便后清洁时，却都在使用卫生纸擦拭，这非常容易引起肛肠疾病和生殖、妇科疾病。造成大家都忽视这方面问题的原因，一是缺乏这方面的宣传，二是此前并没有有效的解决方法。在医生的倡导下，很多讲卫生的女性，每天用水清洗下身。痔疮患者便后用水清洗，都是出于卫生的考虑和防止感染的需要而提出的。

有些家庭，为了体现干净并防止堵塞下水道，会在坐便器旁放个专门收集厕纸的纸篓。仔细想想，那么多用过的手纸就摆在那里，真的卫生吗？这是家庭最大的污染源。

彻底解决问题的方式是不再用纸而改用水洗。

➤ 科技改变生活，净是享受

洗之朗之所以能够得到迅速普及，与其特殊的人性化的功能分不开。它的主要功能有便后温水冲洗，当您需要时，按下温水冲洗键，合适温度的净水就会在5秒以内将局部冲洗得“一尘不染”。这一功能，不仅可以带来卫生和舒适的享受，更是便秘和痔疮患者的福音，不仅省掉用小盆清洗的麻烦，更重要的是可以做局部水按摩。还有专门的女性冲洗喷头和按键，对于女性给予特殊护理。还有，天冷时，打开座圈加热键，你家里的马桶座圈就是温暖的，不用再经受冰冷刺激。而且，这个功能全天开机值守，整个采暖季也只消耗区区几度电。还有很多诸如暖风烘干、座圈缓落、除臭、扫描冲洗等人性化功能。

洁身器在中国刚刚开始起步，有人在担心自己是否能够习惯使用。这种担心不无道理，毕竟改变多年养成的习惯需要勇气和时间。然而，通过对已经使用过洗之朗的消费者调查，他们表示，以洗代擦要比当年从蹲便改为坐便要容易许多，其实，使用前的这些担心都是多余的。

也有人担心安装存在困难，其实，按照说明书，消费者自己就可以在10分钟内完成安装。厂家还提供市区内免费上门的安装服务。

➢ 洁身器与智能坐便器的区别

按照国家建设部的标准定义，洁身器是安装在坐便器上，可以提供温水冲洗人体下身部位，并可以提供加热恒温功能以代替普通坐便垫圈使用的一种健康电器产品。市面上现在有多种品牌的智能坐便器，是将洁身器和坐便器两者的功能结合在一起，称为智能坐便器或者一体机。一些消费者期望一步到位，希望选择这样的产品。其实，这样做不仅会使产品价格高出很多，更重要的是这样的集成产品在设计时，为了给洁身器水箱和电控装置让出位置，大幅度减少了坐便器水箱的容积，严重影响了坐便器本身的冲污效果。更有甚者，为了减低成本，在陶瓷上动手脚，造成使用不久，洁具本身就会脱瓷、发臭。

拆下家中现有的坐便器上的便盖，换上洗之朗，通水、通电，10分钟就可以完成马桶升级。一台真正的智能坐便器就诞生了。这样做，简单、实用、耐用。

这是非典时期的“洗之朗”电器产品的软文，发表时机为各媒体大篇幅教育人们要“勤洗手”“科学洗手”之际，这1篇1131字的软文，完成了原计划用10篇约8000字才能实现的市场教育和观念引导宣传。借着全民关注非典的浪潮，加上洗之朗在软文操作方面的快速反应和精明策划，最终形成了2003年西安的“洗之朗软文模式”。

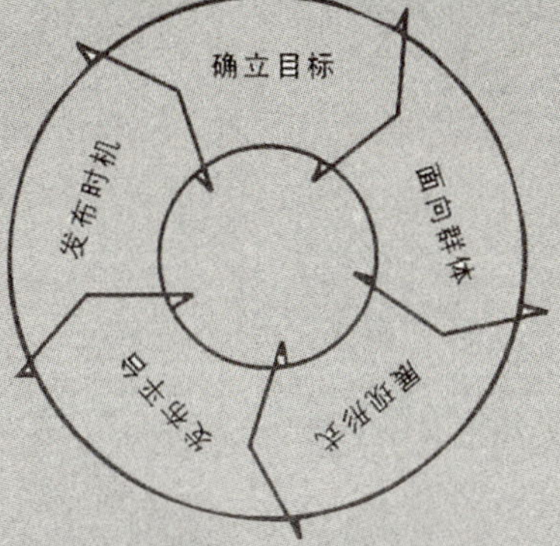

第二章

悄然渗透的软文营销

什么是软文营销

软文营销在不同的书中有不同的解释，《网络营销》当中解释其概念为：软文营销是网络营销中有关消费者心理学的另一个理论基础，它是针对工业经济时代的以大规模生产为主要特征的“强式营销”所提出的新理论。该理论强调企业在进行市场营销时，必须尊重消费者的感受和体验，让其能舒适地主动接受企业的营销活动。

其实简单来说，软文营销有四个特点：

1. 本质是广告的一种，只不过相对于我们常见的硬广告而言，它是一种软广告，在追求低成本和高效回报的同时没有回避商业的本性。

2. 形式主要以文字为主，同时辅以图片、视频等多种载体，丰富多样。

3. 内容没有硬性宣传，主要以读者的体验为重，为潜在消费者提供有价值的内容的同时从侧面渗透进行企业营销。

4. 效果具有口碑传播性，发布一次，通过其他人的转载来扩散传播。

软文营销归根究底就在一个“软”字上，柔软如水母，可以在茫茫大海上漂泊6.5亿年之久，而强硬如恐龙，却不能承受沧海桑田的变化，最终消逝在漫长的历史中。软文也是如此，在众多硬广告当中，用软文来营销，堪称“以柔克刚”的最佳典范。

【经典软文知识链接】

传统软文与网络软文的特点

凡是有关企业、产品宣传的隐性广告文字，都可以叫作软文。传统软文是为了企业宣传而存在的，在表达主题上，侧重点比较煽情，引导性强，而网络软文不仅用于企业宣传，还用于被网络各大搜索引擎收录以进一步提升网站的更新率和网站自身的权重，侧重点偏向于枢纽词的安插，可读性较传统软文要差，是一种专门为了搜索引擎而撰写的文章。它们各自具有各自的特点。

➢ 传统软文的特点

传统软文可信度高，由于它一般发布在报纸杂志上，而人们对纸质媒体的信任度还是比较高的，所以无形中增加了传统软文的可信度，这算是传统软文非常大的一个优点。

但是除此之外，传统软文具有无法磨灭的缺憾，就是它发布在这些信任度较高的报纸杂志上，不仅因为静态具有不易被传播、保存，传播渠道单一的问题，也因为存在版权限制而存在发布、转载速度较慢、互动性差等问题。

➢ 网络软文的特点

网络软文不仅可以使用文字，还可以加入图片、视频、链接等，内容丰富且容易吸引读者的注意力；如果内容合乎读者心意的话，容易成为热帖，不仅被搜索引擎搜索到能增加曝光率，还容易被读者转载加速其传播；容易与读者之间通过评论产生互动，这种互动多了就会成为焦点，而焦点形成爆点，软文火了，自然而然财源就来了；它还具有持久的生命力，一旦被搜索引擎收录，只要网页存在，它就永远都在，只要点击就能看到。

了解传统软文与网络软文各自具有的特点，不论是优点还是缺点，都能够帮助企业判断其在软文推广时应该更偏向于哪种软文的推广。

为什么推广要用软文营销

现代的商业活动，都离不开营销，而软文营销恰恰是连接企业、社会和消费者的一种很好的途径。相较于其他营销手段而言，软文营销具有以下优点：

一、具有润物细无声的隐蔽性，易于被消费者接受

软文营销没有那么强的商业广告的气息，它是一种专门以消费者为中心，按照消费者的需求去定制的营销方式。它将需要宣传的信息嵌入文字，以新闻资讯、评论、管理思想、企业文化等角度从侧面进行描述，给消费者提供方便，具有润物细无声的隐蔽性，易于被消费者接受。同时它也兼具广告和新闻的特征，既有广告的效果，又有新闻的权威性，真实而客观，更具可信度。如今这个网络媒体大行其道的时代，新闻、博客、论坛等到处都充斥着商业性文章，让读者分不清哪篇文章是新闻，哪篇文章是软文，这就是软文默默存在的最大价值。

二、制作简单，成本低廉

软文大多以文字为主，可以添加图片或者视频，制作起来比较简单，而且相较于硬性广告而言，软文营销信息量大、不受时间限制，可以在网站上永久存在，不必一而再，再而三地换花样。软文成本是否低廉虽然取决于软文的营销形式和发布渠道，但是相较于一般营销模式而言，软文的成本已经算是低廉的了。因为它大多以文字形式发布在网络和纸质媒介上，不用专门请广告公司进行拍摄，不用花大价钱请明星进行宣传，更不用买几秒就几百万的广告位和广告时段。就凭成本低廉这一点，软文就已经成为众多营销模式中的香饽饽，更遑论它还有其他的优点。

三、形式多样，受众面广，具有口碑效应

中国文字的博大精深，完全可以体现在形式多样的软文上，像是网络新闻、论坛发帖、博客文章、微博、微信、娱乐专栏、人物专访、电影、游戏等，几乎网络的每一个角落，都有软文的痕迹。根据近期调查显示，目前我国网民的数量已经达到 5.38 亿，其中约有 80% 的人养成了每天浏览网络的习惯，甚至有更多的人成为微博控、微信控等，一有时间就习惯性地刷信息，而这些人，都是潜在的消费者，由此可见软文的受众面之广。在这些潜在消费者中，有很多人看到喜欢的文章、故事等会随手转发，告诉身边的人，此时将需要宣传的东西嵌入其中，一传十、十传百，这样口口相传起到的效果，比广告的效果要好很多。不仅如此，软文也具有非常好的搜索引擎的效果，它在通过软文营销公司的网络整合营销服务之后，发布在互联网上所有大型门户网站以及全国各个地方性门户、行业网站的相关频道的同时，还有可能继续被其他网站转载。也难怪国外的一份权威调查会得出这样的结论：企业在获得同等收益的情况下，对软营销

的投入是传统营销工具投入的1/10，而信息到达速度却是传统营销工具的5～8倍，极具口碑效应。

21世纪，随着经济的发展，硬件设施的完善，很多企业都有相同的产品、相同的服务，因此竞争也尤为紧张和激烈。此时如果企业可以将具有以上优点的软文发布在网民可以看到的各个地方，对服务、产品、企业文化、市场流行趋势、时尚等都有相关报道，在消费者心目中树立起独一无二的公众形象，为企业树立一个不一样的服务形象，自然能够给消费者留下深刻的印象，消费者下次买东西，十有八九还会奔着这个产品去，这对提升企业品牌形象、促进产品销售起着极大的作用。这也是推广软文营销的最大原因。

【经典软文知识链接】

没有彩电不结婚，新郎转身娶旧爱

贫贱夫妻百事哀，爱情可以风花雪月，婚姻却要柴米油盐，这原本无可厚非。但凡事要有度，如果只认钱不认人，如果因为一台彩电就不肯上花车，把物质赤裸裸地凌驾于两人的感情之上，新郎真的能娶这样的女子，共赴白首之约吗？石家庄牛奋男王强不但响亮地给出了一个不字，还惊世骇俗地改变了婚礼的走向……

➢ 婚礼临头耍脾气：不见液晶电视不上车

2009年9月9日是个好日子。取长长久久之意，很多新人把这一天当成良辰吉日、婚礼佳期。

石家庄一家科技公司的经理王强和女友梁雅雯也把好日子定在了这一天。早上7点，王强带着浩浩荡荡的花车队伍，出发去××小区接新娘子梁雅雯。

路上，王强接到梁雅雯怒气冲冲的电话："王强，液晶电视你到底买没买?”王强原本以为拖到了结婚当天，这马虎眼就算是打过去了，却不想梁雅雯这样不依不饶。他解释：“这个月底，月底我保证……”“保证没用，不买彩电咱这婚就别结了!”电话啪地被挂断了，王强不由得皱起了眉头。

梁雅雯比王强小5岁，漂亮时尚，却也任性，说一不二，王强总是忍着让着，谁叫咱喜欢人家呢。老牛吃嫩草，就要忍受嫩草撒娇发嗲坏脾气。

车子一溜烟开到××小区，单元门口，梁雅雯的二姑沉着脸让王强自己先上去。

王强的心提到了嗓子眼，都到这份上了，硬着头皮上吧。他故作轻松地让接亲的朋友等一下，自己上去把新娘背下来。

十几辆花车按兵不动，王强三步并作两步跑上五楼。敲开门，王强跑进梁雅雯的卧室。梁雅雯面若寒霜，妆没化，头上的婚纱也没戴。

王强的火腾地上了房，但他还是低声下气小声说：“姑奶奶，这都什么时候了，你就饶我一命行不行，那液晶彩电你放心，我就是砸锅卖铁卖肾卖血也给你买来!”梁雅雯冷笑了两声：“这话你给我说过多少回了，上回咱俩一起看的电视你保证说结婚前买来，昨晚若不是我去了趟婚房，还以为你都买了呢!”王强急得直搓手：“我的银行卡不是在你手里吗，上面有多少钱你不是不知道。今天咱不还收份子钱吗，摆完酒，下午咱们就去买行不行?”“不行。一会儿我的姐妹都要去看婚房，那摆着一台破彩电，不让人笑死!”王强软磨硬泡，好话说了一箩筐，两个小时过去了，梁雅雯就是死活不松口。

王强厚着脸皮给她戴婚纱，却被她一把扯下来，拉住王强又是掐又是打。王强一躲，脑门正好磕在墙角上，眼一黑腿一软，差点跪到地上。梁雅雯却不管王强的死活，扑到床上，放声大哭起来。得，楼下接亲的众人听见哭声，算咋回事啊！王强转身出去求丈母娘：“看在亲朋好友都在等的份上，妈你给我这点面子……”梁雅雯的母亲板着一张脸：“你们的事，我不管！”说完一转身进了另一个房间。

王强再去求梁雅雯，她就一句话：今天不见液晶电视，我就不出这个门！眼瞅着就到11点了，酒店打电话问到底什么时候开席，要赶紧，接下来还有新人要摆桌呢！王强在梁家的客厅里直直地站着，额角撞出来个红包，他也是堂堂七尺男儿，为了结这个婚，家里拿出了全部积蓄不算，还背了债，而自己为了装修，三个月没好好睡一晚，可梁雅雯就从没满意过，这个嫌不够档次，那个嫌买了水货，临了到结婚这一天，因为一台电视还闹成这样……想到这些，王强悲从中来，走到梁雅雯面前，面色铁青、一字一顿地问：“我最后问你一次，这婚你是结还是不结？结，就赶紧化妆下楼；不结，别后悔!”梁雅雯目光凌厉地看着王强：“王强，我告诉你，有能耐你使去，我梁雅雯还真就不是吓大的。”

王强盯了梁雅雯足足十秒钟，转身出去。梁雅雯暗暗得意，心想王强肯定是找钱买电视去了。从前她跟他闹，闹十次王强输十次，恃宠生娇，屡试不爽。

却不想王强一口气下楼走到花车前一挥手说：“去裕华路!”伴郎、来接亲的王强的同事还有婚庆公司的摄像见王强孤身一个人下来，新娘没跟着，还要去裕华路，这是演的哪出戏呀？众人面面相觑，王强又大喊了一声：“我说去裕华路!”得，听新郎的吧，一行人不解地钻进花车，一队花车浩浩荡荡地奔往裕华路。

➢ 新郎另找旧相识，跪求你今天嫁给我

花车再次停在一个小区的楼下。王强敲开了601室的门，开门的是王强的旧友林丹。她愣了一下，说：“你不是今天举行婚礼吗……”王强扑通一声跪在地上，说：“林丹，我知道我今天这样做对你很不公平，是我瞎了眼，放着你的好视而不见，只想着吃嫩草。请给我一次改过的机会……我求你今天嫁给我，我会对你好的，一生一世……”王强泣不成声，大致讲了刚才的经历。林丹拉不起来王强，她也跪了下去，拥着王强哭。半晌，林丹拉着王强的手说：“好，我答应嫁给你！是刀山火海还是幸福彼岸，我就赌一次!”王强大学毕业，一穷二白地留在石家庄打拼，是标准的牛奋男，像牛一样勤奋奋斗的男人。他常说的话是：拼爹游戏咱玩不起，只能靠自己！林丹是王强多年的好友，曾在同一家销售公司跑过业务，为省午饭钱，他们一起躲在立交桥下吃卷饼。凭感觉，王强知道林丹喜欢自己。没遇见梁雅雯时，王强也就跟林丹暧昧着，一起吃个饭，看场电影，再或者林丹拎着菜来王强租的公寓给他煮个海鲜汤。如果生活里没有意外出现，王强顺理成章地娶林丹也未可知。

林丹好几次暗示王强自己已经是27岁的剩女了，王强还跟她开玩笑：革命尚未成功，剩女自当努力，要做剩斗士！王强看得到林丹眼里的失望，但那时他觉得自己还没想好要结婚。

但往往是这样，说没有结婚的勇气，是因为还没遇到那个足以让你破釜沉舟的人。2008年3月14日，王强在公车站等车，一个地中海（头顶光光）男人捧着一束蓝玫瑰跟一个漂亮女孩吵架，他说为了她，他几乎成了节奴，挖空心思为她找浪漫，弄得每月的14号都是情人节……那男人见王强看他，说：“今天是白色情人节，你知道吗?”王强还没来得及摇头，那女孩突然拉着他的手就走，她说：“你怎么才来？看到我也不吭一声!”女孩就是梁雅雯，她不喜欢地中海，拉王强当了垫背的。王强也的确有垫背的条件，高大英俊。王强也不否认自己是视觉系男人，看女孩从来都先关注三围。

梁雅雯在王强的公司出现一周后，林丹辞职了。她跟王强说，自己要好好努力把自己嫁出去，再嫁不出去就成了黄金剩斗士，不，是最高级别的剩女——齐天大圣（剩）了。王强不是不留恋，不是不愧疚，只是人都喜新厌旧。梁雅雯鬼马精灵，能说会玩，王强也是一个俗人。于是跟林丹那点若有似无的情愫断了，跟梁雅雯干柴烈火一路烧到谈婚论嫁。

王强拜访过梁雅雯的父母，他们并不是很满意王强：王强的家在胶南的小县城里，父母都是老师，家庭条件一般，用网络流行语来说：拼爹游戏都过不了第二关。但是梁雅雯被爱情冲昏了头脑，于是她母亲提了个刚性条件：买房。

中国房地产研究会副会长兼秘书长顾云昌说，是丈母娘对房子的刚性需求促成了中国持续走高的房价。男人是铁，女人是钢，丈母娘更是特种钢。没办法，要想娶媳妇，能满足特种钢的就是房子。

2009 年新年，王强回家跟父母说了女方的条件，父母把家中积蓄拿出来，又向亲朋好友借了些钱，凑成 15 万元给王强，刚好够付首期。

王强回来办按揭买了房。做了房奴，王强觉得自己立刻老了七八岁。

结婚要大操大办的话，多少钱也不够往里填。装修要欧式风格的，家具要实木的，酒店要订上档次的。

每天睁开眼，王强就害怕面对梁雅雯，梁雅雯张口就说：我们公司陈丽的钻戒是戴欧妮的……谭芳芳的婚纱照拍的是 8888 的……王强觉得自己像一粒花生，被女友榨出油来，榨得没油了，还一再使劲榨。

买进口地板时钱不够，正急得团团转时碰上了林丹，林丹二话没说借给王强 5 万元。他抱怨女友见钱眼开，为结婚，他几乎成了一穷二白的钱奴了。

分手时，王强看着林丹好半天，说："早知道……不如……"终究什么也没说。

王强结婚前一天，林丹给王强发短信：你的婚礼我就不去了，我怕我会忍不住哭！林丹快递给王强一对情侣表做结婚礼物。梁雅雯知道是林丹送的，冷嘲热讽：“她那样的，不找个人暗恋，怎么面对自己的单身啊?”梁雅雯一张嘴从不饶人，在她面前，王强常常觉得喘不过气来。

只是，脚上的泡都是自己走的，都谈婚论嫁了，打掉牙也只能往肚子里咽了。王强万万没想到，梁雅雯离谱到到了婚礼当天还为一台电视跟他谈条件。

如果换成林丹，会有这种事吗？王强想到林丹的种种好，突然很想念那双娴静的目光。梁雅雯说自己是三不女：不善良、不等待、不言败；林丹却恰好相反，她不会争抢，也不会强迫他做他不愿意的事，她的爱像小溪，细水长流……

➤ 婚礼盛宴闹翻天：是谁毁了我们的婚姻

王强牵着没穿婚纱素面朝天的林丹出现在花车前时，王强的哥们大吃一惊，说：哥们儿还是你牛，结婚还有替补队员！王强深情地看了林丹一眼：“是我瞎了眼，放着珍珠不要，要了粒死鱼眼睛……”婚庆公司的人也算见多识广，却没见过这么无理取闹的新娘，也没见过这么当机立断的新郎。他们说替补新娘的婚纱与化妆都不要钱了，友情赞助。对付那种想嫁 ATM 的女人，就得这样给她点颜色看看。

花车到酒店时，酒店还是有些兵荒马乱，亲友们窃窃私语，司仪跟酒店工作人员忙着换婚庆板上的字。一切就绪，王强把前不久精心在戴欧妮定制的戒指戴到林丹的无名指上时，林丹的眼泪又涌出来了。司仪问：“王强先生，你愿意娶林丹小姐为妻吗?”“我愿意!”王强说这话时，声音是颤抖的。

司仪又问林丹，林丹的声音不大，却很坚定：“我愿意!”梁雅雯那边还在等王强买了液晶电视再来迎亲呢，结果干等不见人影，梁雅雯给王强的朋友打电话，王强的朋友没好气地说：“王强啊，正结婚呢!”梁雅雯跟她家人冲进婚礼现场，再显三不女本色，大声嚷嚷道：“我可以不要液晶电视，你甩我不成!”她指着王强骂：“我说你怎么那么硬气，原来是有了小三!”说完又冲着来喝喜酒的嘉宾说：“我才是今天的新娘，她是个不要脸的第三者!”说完上去就给了林丹一个耳光。

王强气不过，冲上去还了梁雅雯一个巴掌：“从现在起，林丹是我的妻子了，你敢侮辱她一句，我就跟你没完!”林丹上前拉住王强，很平静地对梁雅雯说：“我没有做你们婚姻的第三者，我自信我爱王强一点都不比你少。我爱的是他这个人，不是房子，不是钻戒，也不是液晶电视!”林丹又接着说：“今天我跟王强结婚是仓促了些，但是我不在意，我是真心爱他的！我相信我们能过得幸福。”王强紧紧地拥住林丹，眼泪一滴一滴地掉下来。梁雅雯哭着跑出酒店。梁家人掀了两桌酒席，被酒店保安拉了出去。听王强讲了发生在婚礼当天的事，亲朋好友为王强的果断鼓掌叫好，说梁雅雯这是自作自受。

婚礼过后，梁雅雯几次三番打来电话，道歉，后悔，王强只说了一句话：“早知今日，何必当初。覆水难收，死心吧!”梁雅雯恶狠狠地说：“你根本就不爱林丹，你不过是想报复我!”王强笑了，他不想说什么，梁雅雯还是那么自以为是。在这段日子里，身边有林丹陪伴，不用事事讲求名牌，不用去高消费的饭店吃饭，穿棉布衣，吃路边摊，感觉真的很舒服。

9月28日，王强、梁雅雯两人来到民政局，他们的结婚证变成了离婚证。第二天，王强与林丹领了结婚证。

婚姻从来都离不开物质，因此才有了丈母娘经济支撑着中国房价持续走高的说法，才有了拼爹游戏里贫二代的悲凉感叹。但凡事要有度，如果只认钱不认人，因为所谓的财礼和无谓的攀比就放弃两个人之间的感情，这样的婚姻，最终也真的只能走进坟墓了。

当然，王强这种很冲动地找一个人结婚的做法也不值得提倡，幸好，王强这次是娶对了姑娘找对了人。

10月1日这天，王强拥着林丹，在19英寸的旧电视前看新中国60周年华诞阅兵，他感到很幸福。

是的，生活的幸福与否，跟有没有一台液晶电视一点关系都没有。

以上这篇文章是戴欧妮软文营销当中相当经典的一篇，运用结婚的头等大事：房子、车子、钻戒、家电做引子，以情感纠纷做噱头，极具八卦意味。一波三折的故事情节，引导人们看下去的同时也激发了转载率，很多人都会动动鼠标将这样一件“石家庄真事”传播出去。然后有人发现里面居然两次提到了一枚叫做“戴欧妮”的钻戒，一个人问自然会有更多人知道，搜索量来了，生意自然而然就来了。

通过这篇软文，我们可以看出之所以用软文来进行营销，就是它淡化了广告给人们的不良印象，以润物细无声的形式将所要宣传的东西嵌入其中，堪称杀人不见血、雁过不留痕、推广不留名。

软文营销有什么作用

软文营销因为其亲民性、费用低和受众广等优点，一直受到各类企业的欢迎。众人都说软文营销好，但是它具体好在哪里，还是要看它可以起到什么作用。

一、宣传作用

软文营销的本质是在营销企业、企业家、企业文化、产品、活动等一系列与企业、品牌相关的东西，通过营销，让所有人了解这家企业，了解这家企业的产品并购买，说白了，这就是一种宣传，因此，我们也就自然而然推断出软文营销具有宣传作用。

对外，软文营销的宣传可以起到广告、公关的作用。无论是广告软文还是公关软文，它们的目的都是为了将企业产品广而告之，从而直接或间接地促成销售，树立企业品牌形象，达到优化传播的功效。

对内，软文营销的宣传可以起到丰富企业文化的作用。文化是一种精神内涵，是定位产品、塑造品牌的前提，是它们的灵魂。只有通过软文营销做好文化营销，有意识地构建企业的个性价值观并寻求与消费者的个性价值观匹配的营销活动，才能塑造出具有文化个性的产品，才能让这些产品含义丰富，吸引消费者的眼球。不仅如此，对内进行软文营销，比方说设置企业内部刊物，还可以提高员工的思想素质，提升团队的执行力和向心力等，达到“上下同欲者胜”的境界。

二、销售作用

企业之所以要做软文营销，最主要的就是为了销售产品，所以软文营销肯定具有销售的作用。通过软文优化，设计好软文中相应的关键词，可以很好地通过搜索引擎来提高网页排名，提升网站流量，从而营销企业的产品或者服务，提升网站转换率，提高销售力等。

但是想要发挥软文营销的销售作用，需要花费很大的心血，不是一篇软文就能起到作用的，而是需要通过连续的高质量软文才能达到这一目的。毕竟通过一篇软文就能带来百万流量的，太少见了。

三、信任作用

想要销售一件产品，首先要得到消费者的信任，软文营销就是在通过一篇篇的软文制造这种信任。软文营销之所以能起到信任作用，主要是因为文字语言本身就比口头语言多一份信任，就好像涉及公事的时候我们都会签合同，而不是口头约定一样，软文营销也是如此。当消费者开始相信软文中所说的产品的时候，几乎就是买卖成交的时候。而信任，无论在人际关系还是在购物当中，都显得弥足珍贵。

此外，软文之所以能起到信任作用，跟它的写作方法有很大的关系。

软文从一开始就是为了摆脱广告的影子而产生的一种文体，它将所要推销的产品非常讲究地隐藏在文章当中，润物细无声地影响消费者的购物决策和方向，从而达到销售的目的。因此，如果想要提升软文的信任作用，就要先提升软文的质量。否则人们就会对软文产生疲劳，一看是软文直接绕道走，不仅产生不了销售，还会出现反效果，得不偿失。

四、品牌建设作用

现在越来越多的企业重视品牌建设，举一个最常见的例子，打开天猫网，随手进入一家店铺，基本都可以看到品牌故事、品牌文化等相关内容，这就是一种品牌资产的积累。

编著《品牌学教程》的余明阳和杨芳平两位教授认为，品牌资产是由品牌认知、品牌形象、品牌联想、品牌忠诚度和附着在品牌上的其他资产要素构成的。因此，要想做好品牌建设，通过软文营销不断地进行宣传，及时与消费者互动是不错的选择。毕竟再多有创意的广告和再好的营销策略，都是需要软文做话语支撑的。

五、整合与互动作用

对于如今的企业来说，软文如同空气一般，几乎无处不在，网页、博客、论坛、微博、微信、邮件、留言、评价、签名、标语、词条等，都有它的身影。软文可以与它们进行整合、互动，达到营销推广的目的。

一篇软文就好像投入大海的一粒石子，看似微小却能起到推波助澜的作用。以论坛的发帖和回帖为例，如果将软文整合到帖子中形成互动，那么互动就会产生讨论，讨论就容易形成话题，而话题被放大就会形成事件，事件一经渲染就容易与新闻挂钩。就如同一只蝴蝶在巴西轻拍翅膀，可以导致一个月后德克萨斯州的一场龙卷风，一篇高质量的软文同样有可能引起一场销售风暴。

六、增加外部链接与点击量的作用

网络软文具有明显的增加外部链接与点击量的作用，这一作用对于网站流量及网页级别来说是非常重要的。

外部链接越多，代表软文越容易被搜索引擎发现、抓取和收录，更容易通过相应关键词提升网页排名，被越来越多的人搜索到，自然而然就能提升流量。所以像是“站长站”“落伍者”等网站的站长们，大多喜欢通过软文营销来推广自己的网站，不仅容易被收录，而且速度非常快。如果企业也用网络软文进行宣传，得到如此高效的抓取速度，就意味着自己的产品能够被更多的人看到，不仅能提高销售力，还能提高产品知名度。

【经典软文知识链接】

如何判断一篇软文是好的软文

总体来说，达到了软文推广目的，并且起到了软文推广效果的软文就是一篇好的软文。符合了这两点，一是能提高所要推广企业产品、企业品牌或者网站在行业中的知名度；二是能通过软文带来一定的实际用户，给企业带来利润。

这两点应该算是判断一篇软文为质量上乘的软文的基础，除此之外，不同的软文还有不同的判断方法。

➢ 从软文本身来看

软文本身的内容是一篇软文是否成功的决定性因素，因为它是软文所有效果的载体，只有它具有优点，软文才能成功。从软文本身的内容来看，软文要具有标题吸引人、关键词设计得好、绝对原创、可读性强、阅读体验好、有值得推荐或分享的价值、读者阅读后有共鸣并出现一定的记忆点等优点，才被能判断为一篇好的软文。

➢ 从传统软文来看

传统软文多是发布于报纸杂志的有偿新闻，因为比较能够赢取消费者的信任而受企业欢迎，却也因为门槛高、价格贵、传播面窄等缺憾让企业头疼。但是如果传统软文能够引起足够引人注目的话题、润物细无声地做好软性植入、在电子版中容易被搜索引擎检索到，从而扩大阅读面、容易被读者接受、容易被转载等，也能成为一篇好的软文。

➢ 从网络软文来看

随着网络的无所不在，网络软文已经成为一种不可缺少的软文营销方式，网络软文写得好，不仅可以宣传企业产品，还能优化网站，提高权重。一般来说，容易被点击、引入流量，容易被客户找到、促进销售，容易被转载、带来更多传播，容易被其他网站增加反向链接的网络软文，就是一篇好的软文。

➢ 从论坛营销来看

在天涯、猫扑、淘宝等论坛上，如果软文发布之后没有被点击，再好的软文都会被淹没在茫茫帖子当中。因此，要判断一篇论坛上发布的软文是否为好的软文，它需要具有容易被点击、容易被转载、容易被推荐、容易被检索等特质，这样才能带来更多的回复、更多的讨论、更多的曝光以及软文置顶等，才能引爆话题，达到营销的目的。

软文营销的不同层面

很多人对软文营销的层面都存在错误的认识，比方说将软文推广误认为是软文营销，而不知道它只是软文营销的一个层面的大有人在。

软文营销的不同层面包括：

1. 软文推广。它是以文字的形式对自己所要营销的产品进行推广，从而促进产品的销售的一种方式，其精髓在于一个“推”字。

目前而言，最常见的软文推广是推企业和个人。推企业包括推企业产品、推企业网站、宣传企业文化活动、提升企业知名度等；推个人包括推企业家、明星、网络红人、慈善家等。除此之外，软文推广还经常应用于非营利机构的公益活动上，有时地方政府出现优惠政策也会使用到它。

想要做好软文推广，首先要做好软文撰写前的准备工作，对企业本身、对企业的竞争对手、对企业所在的行业进行详细的调研，做到知己知彼，才能百战不殆。

其次是确定软文的思路、策略。对整篇软文进行布局，尤其要写一条好的标题，这样才能吸引读者点击，发挥出软文的整体效果。

再次，做好投放工作。软文写完之后，投放做得好可以起到锦上添花的作用。简单来说，软文写给谁看，就要投放在什么地方。因此，我们要掌握企业的客户群体，他们经常浏览什么网站，喜欢什么论坛，最喜欢几点上网等，了解得越精准越好。

最后，做好软文的评估与调整工作。这是对于软文发布之后的维护，要想软文达到预期的效果，就要不断调整角度，不断创新。

2. 软文优化。它是网站优化中非常重要的一部分，从事搜索引擎优化的工作者会通过软文撰写来吸引读者，从而提高网站排名。因为被优化后的软文所设定的关键词，会很快被搜索引擎收录。所以写一篇原创度高、质量好的软文，可以第一时间被搜索引擎抓取，不但有利于网站排名，还有利于对客户的正面引导，对企业的形象塑造，做好网络公关有重要意义。

3. 软文传播。它在软文推广和软文优化的基础上，对软文进行广泛传播。但是不是任何一篇软文都能得到很好的传播，目前而言，比较有利于自动传播的软文有优美、搞笑、价值观相同这三种类型。比方说 2011 年 6 月 23 日北京暴雨，这一话题成为当天最大的热点，地铁进水，路上漫水，很多人堵在路上，也意味着很多人会刷微博消磨时间，杜蕾斯负责内容的运营团队也试图切入这一热点，将杜蕾斯品牌植入其中。而将杜蕾斯套在鞋上避免鞋子泡水的想法冒出来后，运营团队沟通后认为可行，随后由工作人员在鞋子上套上杜蕾斯拍摄图片，由拥有近 6000 粉丝的一个叫做@地空捣蛋的小号在下午 5 点 58 分发布，两分钟后帖子已经被一些微博大号主动转发，并迅速扩散。在本书第四章中有该案例的详细说明。此次微博热门事件就是杜蕾斯团队所做的一次很简单，但是传播威力不可小视的软文传播。

【经典软文知识链接】

软文营销的分类

物以类聚，人以群分，分类似乎是人类的天性。人们根据分类产生分别，学会从不同的角度看待问题，懂得对错真假、美丑善恶等。同样，软文营销也是有分类的。了解软文营销的分类，更有助于品牌建设、降低营销成本等。在发布于暨南大学出版社的《新闻·公关·广告之互动研究》——对“传播交叉领域的学理审视”一文中，董天策如此定义软文营销的分类：

➢ 从呈现形态上进行分类

第一类：广告版面上的宣传，采用新闻文体形式，实为广告。

第二类：专刊专版上的宣传，采用新闻报道形式，实为广告性文章。

第三类：新闻版面上的宣传，采用新闻文体形式，与新闻报道间杂出现，有的冠以广告之名，有的不加任何标注。

第四类：新闻版面上的宣传，似为新闻报道，实为广告宣传。

➢ 从软文营销作用的角度进行分类

第一类：推广类软文。推广类软文是指有利于达成交易或带来流量的软文，主要包括站长在软文中嵌入URL、网店店主在文章中推荐店址、从搜索引擎优化的角度出发设计关键词的网页文本、网页信函、以E－mail的形式投放销售信函或者是海报、在报纸杂志上直接介绍产品等几种类型。

第二类：公众性软文。公众性软文是有利于企业或机构组织处理好内外公关关系以及向公众传达企业各类信息的一种软文，它是用来塑造企业形象的，一般出自企业公关部之手。

第三类：品牌力软文。品牌力软文是指有利于品牌建设，累积品牌资产的一种软文。它也是用来塑造品牌形象的，不同的是它可以由内部撰写，也可以由消费者撰写该品牌使用后的体验。无论是自己写还是找人写，撰写的角度大多都是有利于提升品牌知名度、联想度、美誉度及忠诚度的。

软文营销与搜索引擎的双赢

所谓搜索引擎软文是搜索引擎工作者为配合站内搜索引擎优化措施，有意识地结合网站自身实际情况，通过精妙的内容策划构思，以实用性较强的专业性文章带上网站外链在高权重行业权威网站发布的网站营销推广行为，人们一般称其为SEO软文。

SEO软文可以增加网站外链，提高网站曝光率，从而引导搜索引擎蜘蛛关注，爬行自己的网站，并引起网友的关注，进而点击自己的网站，增加网站流量，提升网站交易量等。

其实说白了，SEO软文就是为了优化网站而写的软文，它更加尊重潜在用户和广告发布传播规律，因此宣传成功率非常高，是推广网站、增加网站外链、提高网站知名度、增加销售量最有效的手段，在权重高、流量大的网站外链和宣传位置非常珍贵，更受到搜索引擎工作者，即Seoser的广泛重视，写好SEO软文是成为一个成功Seoser必须掌握的基本技能。

SEO 软文营销包括影视广告植入、有价值的专业原创文章网站投稿、高权重论坛发帖、新闻营销、事件营销和知名品牌问答网站问答等多种形式。但是无论哪种形式，软文营销的本质还是网站的营销推广。因此必须对自己的网站内容和行业整体发展概况包括竞争对手的情况等都要了如指掌，这样才能精准把握潜在客户的消费心理，从而有意识地实施具有针对性的营销战略，如此，便能不断放大自己网站的特色，提高网站知名度，同时也提高软文的点击率，做到软文营销与搜索引擎的双赢。

而如何写好 SEO 软文，则是软文营销与搜索引擎双赢的重中之重。SEO 软文写作需要在实战中磨炼，只有不断研究自己的网站，研究竞争对手的网站，随时注意整个行业的发展动态，并且设身处地地从消费者的角度做受众体验，不断实践、不断研究才能写出适合搜索引擎的软文，真正做好软文营销。

【经典软文知识链接】

SEO 软文写作四大禁忌

➢ 忌晦涩难懂的软文标题

最好的 SEO 软文标题应该是结合时下热点，通俗易懂的，因为如果写出来的标题连搜索引擎都不懂，那整篇软文都失去了意义。SEO 软文标题如何写，可以多浏览一些权重高的门户网站，看看它们是如何定义软文标题的。

➢ 忌单一有限制的软文思路

很多人写文章都比较擅长一种风格，软文也是如此，自己懂的东西写起来比较顺手，但是相对而言也容易限制在单一的思路当中，这样时间久了，软文的创新力就会减弱。一般来说，最简单的开拓思路的做法是借鉴别人的思路和灵感，但是借鉴不是抄袭，而是多看各种类型的文章，分析它们的思路，写一些自己没有写过的文章。

➢ 忌过长过多的软文内容

节奏快是现代社会的特色，所以很少有人能静下心来看几千字的东西，没有人看的软文也就起不到软文营销的作用了，因此最好的软文是简单精悍有意思。如果非要写字数较多的软文，也最好分段，每段字数固定在200多字，这样读者不会觉得枯燥，可读性、接受度都比较好。

➢ 忌加入太多超软广告

软文存在的目的是为了引导、说服、感动读者，从而产生购买行为，实现营销的目的。所以软文当中插入超软广告是必需的。但是超软广告不能插入太多，否则适得其反，会失去软文润物细无声的营销效果，让人一眼看出这是一篇营销型的软文，降低产品的可信度，引起大众怀疑。

软文营销中关键词的运用

软文营销中关键词的选取对于网站排名起着很重要的作用。一般而言，为了不分散网站权重，关键词设置在 1～3 个为好，同时在这三个关键词中还要选出一个最主要的来做。

以 SEO 的角度来说，首先要在统一资源定位符即 URL 中出现关键词。在确定网站定位后，域名可以直接使用这个行业的关键词的双拼，这是最理想的一种状态，但是这种比较有优势的双拼域名并不是任意一个网站都可以做到的。

其次，网页名可以使用双拼，这个是没有限制的，任何人都可以使用某个关键词做网页名。对于 Seoser 而言，大家都懂这个道理，所以这只是最基础的，效果不会太明显。而对于网站排名来说，细微的差距都会影响排名，因此要特别注意。

再次，在网页标题中一定要出现关键词。在做网站之前，就要先挑选好关键词，网站建立之后，关键词不要随意修改。如果想要修改，2~3个月修改1次为好。因为每次关键词的修改都会影响网站的权重，所以一定要慎重。

最后，描述标签中可以多添加一些关键词，其中主要关键词适当多出现1次，以此来强调关键词的重要性。

了解了这些基本内容以后，最重要的就是学习如何给一篇软文正确合理地添加关键词。

第一，了解关键词。编辑软文之前要做许多准备与策划，比如准备文章素材、图片等基础内容，筹划软文的写作思路及读者群等。以美容美发为例，想要靠这个工作、生活的人，如果想要了解这一行业的信息，就会去网上搜索美容美发、美容美发培训等关键词，而这些人会搜的这些关键词就是网站做推广优化所需要的关键词。不同的行业有不同的客户群，不同的客户群所搜索的关键词是不一样的，因此，了解关键词，就是了解不同类型的人所需要的信息。

第二，策划关键词。了解了适合推广的关键词之后，接着便是策划关键词，将这些关键词添加到软文当中。提前想好软文当中哪里需要用到这些关键词，找到软文的编写方向，编辑的时候顺利添加上去即可。

第三，分析关键词。当某一个关键词已经在百度、谷歌等著名的搜索引擎上面排名很好而且很稳定之后，就要重点推广优化排名不是很好的关键词了。但是同时，做得好的关键词也要继续维护，这样才能持续发挥关键词的作用。

【经典软文知识链接】

软文关键词撰写的三个注意点

在这个创新就是企业生命力的市场竞争时代，网络营销推广已成为最受商家青睐的推广方式，现今的网络推广花样百出、层出不穷，赚足了消费者的眼球，而作为网络推广最基础也是最必不可少的推广方式——软文推广，在网络推广中一直有着举足轻重的地位，其实一篇好的软文，就像一坛陈年酒酿，放在网上越久越能散发出它的醇厚清香，自然也能为企业带来可观的经济效益。而作为软文当中的关键词，更是在撰写当中有精神支柱般的影响力，这也使得关键词在软文当中起着至关重要的作用，站长们在平时的写作当中应该注意以下三点，这样才能更好地发挥关键词的作用，使关键词在软文中如行云流水般顺畅。

➢ 关键词的出现频率及位置

所谓软文，就是指植入广告的文章，而关键词就是我们想广而告之的产品或品牌。就本身洋洋洒洒几百字甚至几千字的文章而言，在视觉上就很容易让人产生疲惫感，用户之所以选择阅读此类文章，一般都是觉得文章有可读性，可以为他们带来收获或共鸣，而关键词出现频率太高，容易使用户产生厌恶感，从而产生抗拒情绪，无法再继续阅览该软文，而关键词出现频率太低，又无法在用户脑海当中形成鲜明的记忆，达不到软文推广的效果，所以关键词的出现频率应该适中，就和水能载舟亦能覆舟的道理是一样的，恰当好处的出现频率才能尽显软文艺术，我曾经在一本书上看过类似这样的介绍，说一篇软文的关键词出现频率最好不要超6次，事实证明6次是关键词最适中的出现频率。解决了关键词出现频率的问题后，我们现在来研究下关键词的位置分布，一般撰写软文的时候我比较建议把关键词集中在头尾两个部分，这也是有科学依据的，一般阅读一篇文章，人们对开头与结尾的文字记忆是最清晰的，所以在这两个重要的地方“部署”关键词，绝对可以使你的软文增色不少。

➢ 不要神话关键词

其实我们在平时阅读软文的时候，经常发现这样一件有趣的事情，就是作者撰写软文的时候，没有优化关键词，而是一直在神话关键词，这话从何说起呢？明明就是一个名不见经传的品牌或产品，可是到了软文写手的文章中就成了国内知名、享誉国际的品牌或产品，明明就是一个与同类产品效果差不多的品牌或产品，可是到了软文写手的文章中就成了国内领先技术、国内首创的品牌或产品，这样的例子太多了，也许也正因国内“知名”和“领先”的品牌和产品太多了，才造就了美国人眼里低廉的中国制造，所以我想强调的是，写软文时一定不能神话关键词，这样很容易使消费者在品牌认知上产生偏歧，给品牌带来“浮夸”的负面影响，而这也与软文的创作初衷背道而驰。

➢ 关键词的代入

时下，电视、电影中植入广告的现象屡见不鲜，菜鸟编辑把广告植入得太明显，不仅起不到推广营销的作用，反而会招来一片骂声，而软文当中关键词的代入与电视、电影中植入广告的现象有着异曲同工之妙，成败都在于情节的设计与产品的融合度，所以平时在代入关键词的时候需要注意以下两点，第一，要讲求自然，如果你是一个新手，真的不懂得如何自然代入关键词的话，建议你采用提问回答的形式来带出关键词，通过一问一答很自然地把关键词代入软文当中，这也是现在软文写手最普遍运用的写作手法。第二，要行文简洁，当一个关键词代入的时候，免不了要赞美一番，而太过冗长的话语只会起到适得其反的作用，所以代入关键词的时候一定要行文简洁，才能点明优势，一举俘获读者芳心。

以上文章是康联移民网上站长的实际操作经验所得，根据此经验，添加关键词几乎不成问题。平时多看、多学、多写，不仅关键词能灵活运用，软文的写作水平也会与日俱增。

标题是软文营销的重中之重

软文营销要想发挥其营销作用，非常重要的一个环节就是写好软文标题。比如“减肥产品什么牌子好”这样一个简单明了的标题，有时候能起到80%的作用决定你的营销软文是不是吸引人，是不是能够被人记住，是不是可以流传很广。

软文营销标题的七大原则：

一、主题鲜明

标题作为软文内容的高度概括，一定要鲜明，这样才能让读者一看到标题就了解软文的具体内容是什么。如果标题太晦涩难懂或者与内容没有什么关联那读者就没有什么兴趣去看内文了。因此，不管标题还是文章开头，读者一般只会给你30秒的时间去留住他。

二、远离标题党

标题必须主题鲜明，但是不能像标题党那样，含糊其辞、过于抽象、为了博人眼球而故作离奇，这样标题与内容完全不配合，不仅客户体验不好，而且即使吸引了客户的注意，客户的点击也是无效流量，还会给客户造成恶劣的印象。

三、引人注目

标题的内容只有与消费者的心理需求联系起来，诱发他们的关心、好奇、喜悦等情绪，才能够充分发挥其宣传效果。因此，设置标题的时候，在字体、字型、位置等各方面，都要充分考虑视觉和艺术效果，做到引人注目。同时，对于不同的宣传对象，标题拟写也要具有针对性，不可离题，比方说给老年人看的要通俗易懂、字体稍大，符合老年人的习惯等，这样，才能充分发挥软文的说服力。

四、简明扼要

软文的标题要以简明扼要为原则。因为科学家研究记忆规律时，发现撰写标题的时候 7 ~15 字之间更容易被人记住。虽然没有硬性规定，但是标题过于冗长毕竟影响阅读。

五、个性独特

现在是个讲究个性的时代，标题也要具有个性，有独到之处才容易引起人们的注意。因此标题要有创意，做到有刺激性和吸引力，即使是雷人也不怕，有自己的真个性才重要。

六、契合网络文化

网络虽然是一个包罗万象的地方，但是每一个圈子也具有每一个圈子独特的文化特性，像是娱乐圈、游戏圈、草根圈、互动圈等。因此做网络营销软文的时候，要契合所要宣传的网络圈子的文化和心理特征，这样才能吸引每一个具有特性的人。

七、契合搜索引擎

现在有句非常流行的话叫“有问题找度娘”，在这个搜索为王的时代，搜索引擎营销即 SEM，已经成为一种主流的营销方式，因此标题撰写要符合搜索引擎的标准，字数最多不要超过 30 个字，要含有需要优化的关键字，这样才能被搜索引擎搜索到。

【经典软文知识链接】

网络营销文案标题撰写的九大技巧

➢ 宣事式标题

如实地将广告正文的要点简要地摆明，使人一目了然，这是目前采用较多的形式。

例如：《网络推广技巧之淘宝自然排名优化揭秘》，文章被转载了上百次。《企业网络营销项目运营全纪实》，这篇菜根谭的项目操作运营心得文章被广泛称赞。

➢ 新闻式标题

直截了当地告之消费者新近发生的某些事实。多用于介绍新上市产品或生产企业的新措施，目的在于引起大众关心而转读正文。它也是宣事式的一种。

例如：《菜根谭和私享家定制酒达成网络营销顾问服务合作》，这是最典型标准的事件型新闻标题。

➢ 颂扬式标题

这类标题网络不常见，因为采用正面的方法来积极地称赞广告商品的优点，在网络上不太适合。所以，菜根谭改为评论式标题，以事实为根据，以第三方的身份和口吻来评论，切忌夸大，否则，易召人反感。

例如：《帅！遭疯抢的超赞外套》，这类标题，党报上、门户新闻站上多的是。个人认为，企业要用这类标题，可以从消费者的角度，以消费者的身份和口吻来操作。

➢ 号召式标题

用带有鼓动性的词句作标题，号召人们从速作出购买决定。此类标题多用于鼓吹时尚流行的或即时性的广告，文字要有力量，能起暗示作用，且易于记忆，使消费者易于接受广告宣传的鼓动，产生购买行为。在文学修辞上，文字应力求婉转，以回避一般人都不愿受他人支配的心理特点。心理的问题，我接下来会具体说。

例如：大家都知道的王老吉网络营销案例，就有《买光超市的王老吉，上一罐买一罐》这类帖子发动号召。其实号召式标题很多，尤其是在做零售搞活动时。

➢ 提问式标题

通过提出问题来引起关注，从而促使目标受众发生兴趣，在思想上互动，启发他们的思考，产生共鸣，留下印象。

例如：《如何利用网络书签做网络推广和网站优化?》《如何让您的关键词出现在百度搜索结果的左侧?》，这类标题在教程式或者分享式文章里非常常见。

➢ 悬念式标题

用令人感兴趣而一时又难以作出答复的话作为标题，使读者由于惊讶、猜想而读正文。此类标题应具趣味性、启发性和制造悬念的特点，并能引发正文作答。

例如：《天呐！章子怡竟然爱上“恐怖墨水装”》，又如，北京晚报很久以前的经典广告《晚报不晚报》系列广告，效果非常好。

➢ 对比式标题

通过对同类商品的对比，突出本产品的独到之处，使消费者加深对产品的认识。但有关广告条例规定，不能直接指对方名作对比，所以，对比时采用泛比为宜。

例如：台湾中兴百货的平面海报广告《思想的天使，肉体的魔鬼》用的就是这形式，虽然不是网络文案标题，但是也给了我们很大启发。

而《上海只适合做爱，不适合恋爱》也属于这类，既用了对比，又有悬念。虽然在传统保守派看来不太雅观，比较激进，但是在当今中国网络上，其实很符合网民的口味。

➢ 寓意式标题

主要是利用比喻的修辞方法，使标题增加新意，加深人们的印象。这种标题形式上处处为消费者着想，容易引起消费者的好感。

例如：菜根谭前段时间写的《中国网络营销培训七宗罪》，用西方宗教的七宗罪来隐喻中国网络营销培训现状，在业内引起骚动，文章被转载了几百次，至少有100万的曝光量，甚至有人威胁菜根谭，叫他们不要乱说话，否则灭了他们。

➢ 热门式标题

文案标题还是内容，行文契合网络文化、联系网络热门事件和热点话题或者网络流行语，现在流行的小月月、3Q、我爸是李刚、神马都是浮云等，都可以借用。但是要记住的是一定要关联文章主题，否则就是标题党了。

例如：2007年，菜根谭联系那时候流行的电影《七剑下天山》，创作了一篇《七剑下天山——评极速主销摄像头》，获得了极大的轰动。

希望以上这些对你有用。顺便说一下，其实这篇文章的标题属于总结式，在网络上也是很受欢迎的，转载率也很高。

以上材料出自菜根谭网络营销机构，菜根谭网络营销机构实战8年，对于软文营销有丰富的经验，此篇文章一出，即被其他网站争相转载。菜根谭一直认为，只有详细的内容和深度的价值再加上生动的形式，才能构成一篇优秀的文案。一般来说，培养思辨式和创意式的思维才是写出好标题和好文案的根本。

软文营销要注意些什么

在软文营销当中，要注意一些问题，这样才能至善至美，完全发挥软文的功效。

一、注意产品功能形象化

很多年前，营销大师爱玛·赫伊拉曾经告诫我们："不要卖牛排，要卖滋滋声。"这句话看起来很容易理解，但是在实践中应用是非常难的。对产品与生俱来的形象进行描述，让消费者与软文之间产生互动，才能做好营销。

以保健品软文为例，很多软文营销都会写抗氧化、益肾补气等较为专业的名词，但是这些名词除了专业人士很少有人能真正地明白这是什么意思。所以将保健品的功能形象化，就是软文布局的指导思想。脑白金之所以软文营销做得好就是因为它区别于一般保健品介绍功效的做法，独树一帜以“送礼”为其宣传要点。

比如上文介绍过的《8000万人骨里插刀》的软文，堪称注意产品功能形象化的代表，不仅标题形象，内容开头也非常形象地指出骨病人群的痛苦：“骨病之痛苦，连患者亲友都不忍目睹，常见患病的人突然间倒吸几口冷气，牙缝间嘶嘶作响——骨刺又发作了！俗话说：得了骨病犹如骨里插刀”这种丝丝入扣的形象描述，在消费者心里产生了强烈的共鸣，引发了消费者的高度认同，这样消费者才会购买产品，并对宣传的产品效果深信不疑。像是宣传戒烟用洗肺、宣传通便产品用洗肠等，都是软文策划者将产品功能形象化的例子。

二、与新闻热点相结合

发布软文广告是企业的需求，企业无非是要达到品牌宣传目标或产品销售目标，但写作软文广告时首先要考虑读者的需求和取向，与新闻热点相结合是最快吸引读者眼球的一种方法。以2003年《华商报》上一篇《被99%的人忽视的卫生习惯》为例，它结合当时全民关注非典的新闻热点来宣传自己的便后清洁器，效果惊人。在神舟三号发射前，亨通光华为宣传口服液发布的《太空药神舟三号唤醒人间》《神舟三号葫芦里装啥药》《国字准药神舟三号横空出世》《太空生物药品击中人类三大顽疾》等都是当时的彩色版，像新闻又不是新闻，广告效果非常好，大多数人都阅读得津津有味。

除此之外，还有很多与新闻热点相结合的软文，像是《人类可以长生不老?》《神奇的多肽保住他被判“死刑”的双脚》《男人流行画眉毛?》《北京同仁堂给男人提个醒》《保肝价太高，市民怎么办?》《爱美的女士要当心》《老爸老妈中毒啦》《奥普浴霸何以“霸”京城?》《西安男人“五星级标准”考察“张大宁”》《为什么肠清茶“疯”行全国》等，都是非常优秀的标题，不但像新闻标题，甚至比当时的新闻更加吸引人。

三、写作语言通俗化

软文写作的时候，语言一定要通俗易懂，这样才能照顾到大多数读者的理解能力。因为软文的读者都是普通的消费者，所以文字可以优美，但是一定不能过分修饰，不要连篇累牍地描述，只需要将思想和灵感通俗化、商业化，使其具有针对性即可。一篇能够产生良好销售力的软文，一定是以通俗易懂的语言为前提的，不然软文只能曲高和寡，做不到互动，更不要提销售了。

像是宣传番茄红素的软文，如此说明番茄红素在清除氧自由基方面强大的能力："一个番茄红素分子在战斗中能敌过数千个敌人——氧自由基。"这样生动形象地将晦涩难懂的道理浅显化，消费者不但能理解，还能深刻地记住这种说法。因此，长话短说的通俗、避免过分的辞藻修饰、尽量用消费者熟悉的生活元素去讲道理是非常必要的。

四、应用黄金分割法则

科学实验证明，符合黄金分割法则的信息和图片，无论在审美上还是接受信息方面都更容易被人们接受和喜欢。因此想要写出一篇具有极强销售力的软文，正确应用黄金分割法则也是非常重要的。

根据调查结果显示，目前销售力较好的软文都是软广告和硬广告相配合的，而且两者的比例越接近黄金分割，销售力越好。此外，软文当中的图片和文字配比接近黄金分割法则，会让读者的阅读感觉更加轻松，不容易出现阅读和审美疲劳。以医药产品为例，在文字内容的安排上，如果对产品的机理描述和病理描述也符合黄金分割法则，肯定比通篇说理或通篇说病例更有效果。

【经典软文知识链接】

如何挖掘新闻点

寻找宣传亮点是许多企业颇为头疼的事情，其实这里面有许多技巧，掌握了它们，你就再也不会发愁软文没得写了。

不可否认，企业是一个理性的机构，没有漂亮的人格化特点，它不像影视明星那样，有很多传奇可写，大多数企业是自成立之日起一步一步发展起来的。也许就是因为这样，大多数企业在面对媒体时，总觉得没有什么可说的。

其实，在这个时代，越来越多的人成为企业人，因而，也就有越来越多的人关注企业的人、事、物。从媒体的视角来看，这里边充满了有价值的东西。如果能用媒体的眼光看待企业内部的一切，你就会惊奇地发现：原来自己的企业还有这么多亮点！

我们认为，从企业以下几个方面最容易挖掘到新闻点：

➢ 产品

如果你的企业开发了非常有价值的新产品，这也许就是一个大大的新闻。为什么？因为：产品是推动社会进步的物质基础。社会的进步主要是通过产品来让人们感知的。千万不要认为这么说是夸大其词，事实就是这样！你对自己企业开发的产品也要从这个角度来认识，从中找出具有新闻性的东西。

举一个简单的例子：如果海尔公司开发出了家用机器人这样的新产品，相信只要你把消息透露给媒体，众多的媒体就会争相报道。原因就是这种产品意味着社会的进步，媒体的特点决定了记者们必将关注此事。采用纳米技术的家电产品为什么能引起媒体的广泛关注？就是因为这种技术是划时代的，这种产品以前没有。要经常看到自己产品中的“第一”，它能给什么人带来巨大的利益，它的与众不同之处在哪里。

➤ 领军人物

每个企业的领军人物都有特点，不论是他的性格、业绩，还是经历，都有可能引人注目，这些就是亮点、新闻点。在领军人物身上做文章，就避免了“企业没有人格”这个特点，把重点转向了活生生的人。在读者眼里，这样的文章往往可读性强，因此阅读率也就高。

事实上，自改革开放以来，国内已经出现了不少企业界的明星，而随着企业家时代的到来，这样的明星会越来越多，他们也将像影视明星一样，受到崇拜、追捧。例如，史玉柱重出江湖引起了媒体的广泛关注，他本人也成了不少人的偶像。这些人也许对脑白金并不感兴趣，但是通过对史玉柱的关注，他们也就会关注脑白金，关注上海健特。

现在很多报刊都辟有人物专栏，介绍各界人物的成功和失败，经历和思想。软文操作人员要善于发掘企业领军人物的亮点，这也是媒体需要的极好素材。

➤ 行业地位

有的企业处在比较受人瞩目的行业里，由于媒体对该行业的关注，因而这些企业也免不了被加以报道。例如，在互联网热潮的时候，媒体争相报道了各种各样的网站；在备受关注的电信业里，华为、大唐、波导、TCL、科健等企业也自然成了媒体报道的焦点。软文操作人员应该抓住媒体的这一特点，及时将一些行业内的动向、资料编成软文，提供给媒体，借以宣传自身的企业。

这样的例子在技术行业尤为多见。这是因为在技术行业里，行业标准变化速度快，一些企业本身就是修订“行业标准”的参与者，所以它们往往掌握着最新的信息。例如UT斯达康公司是国内小灵通系统的开发商，它的一些技术动向直接影响着中国电信的相关政策。因此一些媒体经常通过从该企业了解信息并发表关于电信行业的报道。这样，在媒体报道方面，这个企业经常能够占据比较主动的位置。

➢ 事件

有些企业本身并不引人注目，但是其发生的事件却很有新闻价值。比如深处内地的某小型企业突然被某跨国公司兼并，因为媒体对跨国公司的关注使得这个小公司也备受关注。在微波炉行业里，格兰士是处于垄断地位的，它可以达到行业同类产品的最低价，但是原来从未涉及此行业的美的公司突然进入这个行业，并且把价格定得比格兰士还低，这立刻成了一个新闻。

又比如苏宁、国美频繁的价格战，以及当年VCD行业的标准之争等，也都是较大的新闻事件。当这类事件发生时，企业应及时与媒体联系，借媒体之力，把企业要说的话告诉大众。

➢ 活动

有特点、有影响力的活动大都会引起媒体的关注和报道。在这方面，一些广告公司、策划公司已经做得很深入了，企业对此也比较熟悉。这里需要强调的是，在企业赞助或策划某活动时，要站在媒体的角度，充分挖掘活动的社会意义，为媒体报道和评论做资料上的准备。

➢ 企业管理方法

一些成功企业的经营管理方法逐渐被人们所关注，因而很多媒体开始专门报道这类话题。比如中央电视台的《经济半小时》节目、一些研究企业的报刊如《21世纪经济报道》《中国企业家》等常常会对企业做深入的报道。因此，软文操作人员可以把有特点的企业文化、有成效的经营管理方法等加以总结，这都会成为很有价值的东西。

以上文字节选自商祺软文网上的一篇点击率非常不错的软文，关注这六个方面，挖掘新闻热点不再是难事。

软文营销有步骤

软文营销融合了文案、创意、策划、营销、市场、品牌等相关知识，内容非常丰富，是现代网络软文营销的重要方式之一，也是企业必选的营销方式之一，了解其销售步骤对于软文营销实施者来说是非常重要的。一般，软文营销有六个步骤：

一、分析市场背景

软文营销的终极目标是为了营销，因此了解市场是十分有必要的。以电商企业为例，要想做好软文营销，电商企业首先要了解用户的特点，才能准确策划软文话题，选择正确的媒体策略。比如母婴类商城面对的客户大都是育龄女性，会逛体育商城的多是爱好运动健身的人，它们因行业不同而各自有擅长的领域，不同的企业可能在营销的需求方面差异很大，所以营销不可一概而论，营销者切勿随意模仿。

二、策划软文话题

策划软文话题需要准确把握用户群的特点，结合时下热点植入企业想宣传的主题。此外，还可以根据营销的导向性来策划话题。同样以电商企业为例，在企业运营初期，最需要注重的是用户信任的建立；在企业运营成熟后，最需要注重的则是在信任的基础上，侧重活动和特色产品的推广，以此来带动商城的销售量；如果已经开始了品牌推广阶段，则应侧重企业的公关传播，突出企业的社会责任感。总之，软文是面对形形色色的潜在客户群的，所以它的话题也是包罗万象、异常丰富的，平时多想多写多观察，可以为策划出好的软文积蓄力量。

三、策划软文媒体

策划软文媒体就是策划软文传播的媒体策略，即媒体选择。如何选择媒体，是由前两步决定的，在市场策略和话题都得以确定的情况下，想要做好媒体策划这一步就比较轻松了。但是如果想要出效果，很多企业要改变重发布、轻策划的错误认知，不要因为纯发软文价格较低，就不去选择各方面都比较全面完善的营销。

四、软文写作

关于软文的写作，上文已经讲了很多，最主要的就是根据软文策划案编撰软文文案。最简单的方法就是找一位有行业知识背景的文案，即写手来写即可。

五、发布软文

发布软文就是将写好的软文发布到策划好的目标媒体上，目前有很多公司从事这一业务，但是如果想要出效果，需要企业擦亮眼睛仔细挑选适合的公司。

六、评估软文效果

以上五点，都是为软文营销的效果服务的，因为效果直接关系到购买量，是企业最关心的问题，因此学会如何评估软文的效果至关重要。评估软文效果应该综合品牌和销售情况、网站流量、电话咨询来考虑。简单来说，需要关注软文自身的优势在网络口碑与推广上的持续效果，而不是只针对发布几天之后网站的销售和流量提升考核。

此外，除了传统的软文营销之外，还有新传播软文营销。新传播软文营销采用的搜索引擎对于文章页面的权重标准，发布于国内外知名新闻娱乐平面和网络媒体，整合所有可采用的资源，经过专业合理量身打造软文营销方案，制定推广步骤，以软文直接营销的方式来实现其推广价值，实现真正意义上的软文营销商业流程化操作，作为全新的软文营销推广方式之一，“新传播软文营销”“新传播软文推广”成为软文营销热词，被业内人士直接称呼为代替软文营销推广。具体实施的步骤：

1. 确定推广方向、定位推广内容的市场价值。

2. 将推广的内容移交策划制定具体发布资源的渠道。

3. 策划确定推广计划，移交文案编辑推广软文。

4. 文案编辑并由策划选定推广软文，移交审核。

5. 审核通过后将软文移交策划，策划确定移交新闻媒体，按照确定的时间，确定的栏目、确定的内容准确发布。

6. 将发布过后的效果总结，移交推广需求方。

新传播软文营销在实行商业流程化软文推广的方式之初就取得了大量国内知名企业热捧，由于其中的操作更加细致，将软文营销以软文营销辅助服务的推广形式，直接给用户带来巨大的价值同时还帮助用户的品牌做相应的推广，从而做到了一举两得。

【经典软文知识链接】

写好软文的要点

➢ 以行业趋势为切入点，宣传本企业产品的先进性

这种宣传不仅提高了企业和产品的市场地位，可以吸引到顾客的关注，也能引起经销商或同行的注意甚至效仿，在行业内塑造口碑。我们知道，行业内的口碑是很重要的，产品的销售链由人组成，一旦业内口碑形成，上上下下的环节都支持我们的产品，那么异口同声的推荐将产生直接的拉力。美的全健康空调、新科洁净空调、海尔氧吧空调的相关主题软文都取得了明显的销售效果，即表明此种手法的成功性。比较需要注意的是，除了抛出概念外，还应该从非常专业的角度诠释概念的技术支持，使得产品更有说服力，这就需要软文操作者花工夫收集全球有关此专业技术的文章，多方参考，多方引证，并征求技术人员的意见，使之合理又有相当的价值。

➢ 从消费者的生活出发，以故事性引导读者阅读下去

这种模式操作最成功的莫过于索芙特香皂，当时价格达 9 元之贵的索芙特木瓜香皂就是以它生动的故事描述、神奇的木瓜白肤传诵吸引了大批年轻的女性消费者，在香皂市场独树一帜。其实木瓜白肤的功效并不见得真有那么神奇，但索芙特抓住了一般女性对去斑白肤的强烈欲望，并以特有的木瓜香赋予产品神秘的女性味，不仅使它的软文叫人欲罢不能，也有效地促进了购买。我们更应该看到，索芙特的软文虽然夸张得有些不可信，但实际上它的内容都来源于事实。比如讲到日本雀斑小明星，有人会以为是个虚假故事，但又没有办法跑到日本去验证，然而这个小明星却真的是索芙特在日本推广的代言人，索芙特非常巧妙地利用她脸上的雀斑因为代表了她的形象所以不能去除的理由，推介说如果你有一颗明星标志般的雀斑，最好在用索芙特木瓜白肤香皂时要小心谨慎。其实大家都

知道斑是很难去掉的，更不用说天天用香皂洗脸就可以去斑白肤了，但索芙特如此宣传着实让人们记住了它的产品。说起这个故事，不免让人想到如果曹颖早一点像今天这样在演艺界被大众所认识，索芙特一定会请她做代言人，因为她就有一颗不能去掉的形象痣。从这个故事中我们可以看到，善于巧妙地运用某些客观现象，换个角度提炼产品的利益，组织一些生动的故事并不像想象中那么简单，更不是无的放矢，而是深入思考、富有创意的表现。

➢ 软文的发布一定要遵循连续性、计划性的原则

央视广告部主任非常感慨地说，一个点子一种说法如果不重复说，反复说，还是不可能被人们记住。蒙牛的航天员专用牛奶广告如果不是天天播，反复播，换着花样播，我们的观众可能并不买账。因为它刚出炉时仅仅借用了卫星发射对接的概念，多少有些牵强，人们在原谅它的时髦性时，根本没有特别觉得蒙牛牛奶怎么样。但是，由于这个广告播的时间越来越长，后来还有一个新的版本讲述航天员专用牛奶的概念，尤其在载人卫星事件已经淡出媒体的追捧视野时，它还在播，引发了人们对中国航天事业的尊敬，于是，蒙牛牛奶强壮中国人的口号深入人心，大家开始接受“喝蒙牛牛奶对身体最有好处”的产品理念，蒙牛迅速成为奶品市场上的第一品牌。所以，软文发布也是同样的道理，只有连续、有计划地操作软文，才能真正取得推广成绩。还是索芙特，它几乎在以后的一两年里都把软文作为最主要的手段，全国各个城市的报纸上都陆续看得见它的宣传，故事一个接一个，不重复，却有相当的联系，具体到产品描述时更是完全一样，目的就是反复讲述一个概念。基本上，不少产品在操作软文时都至少把半年作为一个阶段，半年内每周至少见报一次，唯有这样努力的投入才能收到成效。所以软文虽然费用低，但总的投入还是有一定分量的，企业一定要下得了这个决心。

➢ 适当地夸张，语言尤其要口语化

这种夸张决不是无中生有、空穴来风，而是在搜罗、分析所有信息的基础上，有根据地作恰当的夸大，并以幽默、传奇式的口吻打动顾客的心。这也可以称为产品宣传上的包装，比如海尔氧吧抗菌光，如果对空调的技术比较熟悉，就明白它的氧吧就是一个负离子发生器，抗菌光就是一个紫外线光管，但海尔很聪明地把一些大众化词语借用过来，对产品的功效作了适当的比喻夸大，成为业内知名度最高的健康空调品牌。再如排毒养颜胶囊，盘龙云海是最早做这个产品的，也是把排毒和养颜的功效作了夸大，才开拓了一个新的市场。还有除螨，科学调查表明，真正受螨虫困扰的只有少数人，但除螨的产品把螨虫说得到处都有，人人都有，于是这个市场又被打开了。因为上述产品并没有做虚假广告，它的说辞都是有一定道理的，仅仅是宣传时作了适当的夸大，在心理上唤起了人们对健康的追求，所以这种操作手法有它的成功之处。不过需要注意的是恰到好处，千万不能言过其实，做虚假广告。特别在讲到功效时，不可跨越产品本身的局限，天花乱坠地说，否则难免受到查处，给企业带来不必要的损失。

➢ 与专业版面合作，选取具有新闻价值的切入内容

这种操作多运用在某个阶段，比如新产品上市、某项公关活动进行时。比较成功的案例有酷儿饮料，它在上市之初配合电视广告、线下活动，刊发一系列具有经典意义的软文，让广告业内人士都大为叹服。可口可乐本身是一个新闻报道对象，凡它的动作总是让记者们自动抢着发布，所以酷儿上市时就考虑到利用可口可乐的企业品牌，软文的标题极具新闻感，比如：

可口可乐掷一亿打造酷儿饮料品牌（一亿足以吸引关注）、角色行销进入中国（一个对新闻界来说全新的名词）、广告总监谈角色行销（以广告公司人员而非企业人员身份，没有自我推销之嫌）。这些文章虽然出现

在新闻、专刊版面，但短期内发布频繁，无疑是企业操作所为，它能够突破有偿新闻的检查限制，在标题中大胆亮出企业和产品的名号，说明标题本身具有强烈的新闻性质，也证明为酷儿操作这组软文的广告公司极具创意。而这些内容都是通过努力挖掘出来的，非并凭空想象。我们在为3M新雪丽大连服装节作策划时，也是考虑到宣传的独特性，邀请了两位著名服装师邓达智、薄涛出席现场发布会，使活动受到服装节组委会的高度重视，特别安排电视台实地采访，软文也作为有偿新闻在报社新闻版面发布，企业和产品的名号直接亮相，这种软文才真正达到了最高境界。

以上这五个要点节选自中国站长站“媒体营销的必备知识，软文写作手法大揭秘”，是站长多年来对软文写作积累的经验，通过这几点，大家可以更好地了解写好软文的要点，从而为软文营销服务。

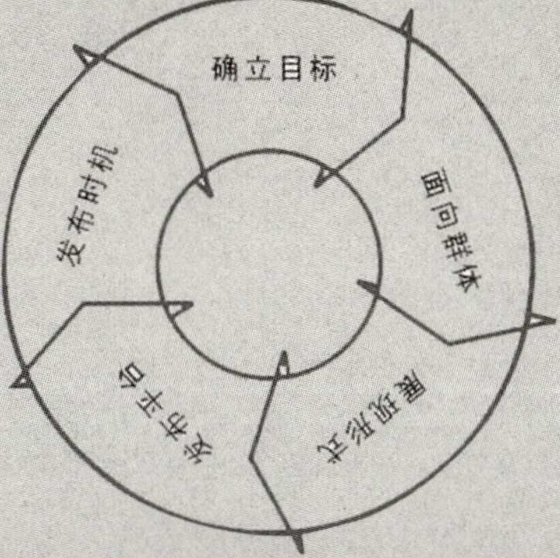

第三章

经典成功的软文案例

脑白金软文营销打天下

脑白金动画版广告因其直白的叫卖式广告诉求加上俗套的表现方式，一出现便遭到了学术界人士的强烈抨击，更在2002年登上了年度十大最恶俗广告排行榜。但是，这都挡不住脑白金那句“今年过节不收礼，收礼只收脑白金”的广告语火遍大街小巷，挡不住脑白金势如破竹，横扫中国保健品市场的步伐。

一、脑白金动画版广告成功的原因

1. 准确定位。脑白金动画版广告中老爷爷、老奶奶的形象深入人心，说明它的诉求点定位是比较明确的，适宜使用人群为中老年人，在广告中以直白的形式表现出来，完全不用消费者费心思思考广告的含义。

2. 找到本质。尽管广告是商业和艺术的结合，但是脑白金动画版广告却抛掉了艺术，直指广告的诉求本质——商业行为。做广告是为了销售产品，无论广告是否具有艺术性，能够促进品牌的发展和拉动市的销售才是关键，脑白金正是抓住了这一点，横扫保健品市场，创造出月销售额两个亿的奇迹。

3. 符合国情。中国自古以来就是礼仪之邦，人们逢年过节、走亲访友都有送礼的习惯。作为保健品的脑白金，抓住国人送礼的核心概念，融合保健品的健康理念，用近乎轰炸式的“今年过节不收礼，收礼只收脑白金”的广告语为国人洗脑，每当人们逢年过节为送礼而发愁的时候，脑白金便会自然而然浮现在脑海中。不仅如此，脑白金还从中国传统美德出发，打出“孝敬爸妈，脑白金”的广告语，对人们进行情感上的渗透；以“年轻态，健康品”的广告语刺激人们对年轻、健康的追求。正是通过这些深层次的挖掘，脑白金创造了众多的新概念，促使消费者消费，进而拓宽自己的市场范围，引发销售风暴。脑白金的这种创新，既避免了产品功效神秘感消退后丧失生命力的命运，又改变了传统保健品的广告模式，在抓消费者心理上，堪称一枝独秀。

4. 形象高端。脑白金，又称褪黑激素，是人体不可缺少的一种荷尔蒙，摄取补充足够的褪黑激素，可以改善内分泌系统的功能，提高免疫能力；增强人体组织抗紧张、抗氧化的能力；改善失眠，减缓人体老化的速度。此外，褪黑激素还可以预防癌症、糖尿病、高血压等，对于患肾功能失常、白内障、青光眼、习惯性失眠等的患者也有明显的帮助，可以达到增强抵抗力、促进睡眠的功效。脑白金的主要功效是润肠通便和改善睡眠，但是却以脑部的脑白金体取名，在名字上本身就给人一种高端的感觉。而且脑白金的营销宣传定位放在“礼品”上，让国人“有面子”，更显得其形象高端。

二、脑白金成功的软文营销模式

其实，上面的广告可以说是站在巨人肩膀上的再造。在脑白金市场导入阶段的时候，软文才是其最主要的营销手段，也是脑白金营销的一大亮点。提到脑白金的软文营销，就不得不提史玉柱，他堪称“脑白金之父”，将脑白金推到了保健品市场榜首的位置。

在脑白金之前，少年得志、轻松拥有巨人集团的史玉柱推出了脑黄金，因为管理不善，盲目扩张导致市场迅速萎缩，脑黄金营销失败。不气馁的史玉柱随后开始策划脑白金的市场推广，总结经验教训后，一改之前的急进作风，改用润物细无声的软文形式推广脑白金。不暴露商业目的的软文战术，让脑白金迅速渗透全国市场，在短短三年时间里，将当时50万元的启动资金翻倍到十几个亿，创造了营销史上的新奇迹。

脑白金的软文营销，主要有新闻性软文和科普性软文两种。前者先被投入市场，包括“人类可以长生不老吗”“两颗生物原子弹”“98世界最关注的人”等。这些经过精心策划、披着新闻外衣的软文一篇接着一篇出现，给读者一种权威、真实、不容置疑的感觉，加之没有直接宣传脑白金，而是营造出一种神秘色彩，引起读者的好奇心。在好奇心的驱使下读者会猜测，会交流“脑白金到底是什么?”以此来加速脑白金的传播。

后者随后被投入市场，包括“美国人睡得香，中国人咋办”“人体内有两只钟”“夏天贪睡的张学良”等。这些科普性的软文，是对新闻性软文的补充。它们从睡眠不足和肠道不好两方面着手，详细阐述其给身体带来的危害，并指导人们如何克服这种危害，看似每一篇都在谈科普，引起读者的阅读兴趣，其实字里行间巧妙地穿插着脑白金的功效，无形之中打响了脑白金的知名度。

新闻性软文重在营造脑白金的神秘，引起读者兴趣。科普性软文重在解密功效，吸引读者购买。两者相辅相成，共同促进了脑白金软文营销的成功。

【经典软文知识链接】

两颗生物“原子弹”

本世纪末生命科学的两大突破，如同两颗原子弹引起了世界性的轩然大波和忧虑：如果复制几百个小希特勒岂不是人类的灾难？如果人人都能活到150岁，且从外表分不出老中青的话，人类的生活岂不乱套？

➢“克隆”在苏格兰引爆

苏格兰的一个村庄，住着一位53岁的生物科学家，他就是维尔穆博士。这位绅士温文尔雅，慢声细语。年薪仅6万美元，他培育了一只名叫“多利”的绵羊，为此他本人获得的专利费也不会超过2.5万美元。但这头绵羊和脑白金体的研究成果一样，形成了世界性的冲击波。

从总统至百姓无不关注培育出“多利”的克隆技术，克林顿总统下令成立委员会研究其后果，规定90天内提交报告，并迫不及待地在他的白宫椭圆形办公室里发布总统令。德国规定，谁研究克隆人，坐牢5年，罚款2万马克。法国农业部长发表讲话：遗传科学如果生产出6条腿的鸡，农业部长可就没法干了。

“多利”刚公之于世，《华盛顿邮报》即发表《苏格兰科学家克隆出羊》，美国最权威的《新闻周刊》连续发表《小羊羔，谁将你造出来?》《今日的羊，明日的牧羊人》……

美国广播公司晚间新闻发布民意测验，87%的美国人说应当禁止克隆人，93%的人不愿被克隆，50%的人不赞成这项成果。

➢“脑白金体”在美利坚引爆

脑白金体是人脑中央的一个器官，中国古代称之为“天目”，印度2000年前就称之为“第三只眼”。近年美国科学家们发现，它是人体衰老的根源，是人生的生命时钟。这项发现如同强大的冲击波，震撼着西方国家。《华尔街日报》发表《一场革命》；《新闻周刊》居然以《脑白金热潮》为标题，于8月7日、11月6日在封面报道，阐述补充脑白金的奇迹：阻止老化、改善睡眠……

美国政府FDA认定脑白金无任何副作用后，脑白金在美国加州迅速被炒到白金的1026倍。不过在规模生产的今天，每天的消费仅1美元，在中国不过7元人民币。

美国西北大学教授格利塔在电视新闻中感叹：“美国人为它疯狂了！”

脑白金体的冲击波迅速波及全球。日本《朝日新闻》、NHK电视台大肆报道，台湾地区的人从美国疯狂采购脑白金产品。香港地区有关部门不得不出面公告：奉劝市民服用脑白金要有节制。

中国大陆也不例外，1998年4月5日中央电视台“新闻联播”播放了《人类有望活到150岁》，详细介绍了脑白金体的科技成就，《参考消息》等各大媒体也都相继报道。中国部分城市已经出现脑白金热潮的苗头。

在美国，不少人撰文表示了对脑白金体研究成果的担忧。如果人人都活到150岁，从外表分不出年龄，会出现许多社会问题。世界老化研究会议主席华特博士在其科学专著中指出，补充脑白金明显提高中老年人的性欲。于是评论家们担心，性犯罪必将上升。

➢什么是克隆

克隆是“clone”的音译，其含义是无性繁殖。传统的两性繁殖中，父体和母体的遗传物质在后代体内各占一半，因此后代绝对不是父母的复制品。克隆即无性繁殖，后代是完全相同的复制品。

复制200个爱因斯坦和500个卓别林，是件大快人心的事。但如果复制100个希特勒，实在令人担忧。50多年前纳粹医生约瑟夫就曾研制克隆技术复制希特勒，幸亏没有成功。“克隆”对伦理道德的冲击更大：如果复制一个你，让你领回家，你太太和女儿应该如何称呼“他”。

世界级大药厂发现了克隆的巨大商机。美国商业部预测，“2000年克隆生物技术产品的市场规模将超过500亿美元”。克隆技术主要用来制造保健品，国外许多媒体认为美国商业部的预测太保守，如同五十年代美国商业部预测：“2000年，全球的计算机数量将高达80台。”

➢ 什么是脑白金体

人脑占人体的重量不足3%，却消耗人体40%的养分，其消耗的能量可以使60瓦电灯泡连续不断地发光，大脑是人体的司令部，大脑最中央的脑白金体是司令部里的总司令，它分泌的物质为脑白金。通过分泌脑白金的多少主宰着人体的衰老程度。随年龄的增长，分泌量日益下降，于是衰老加深。30岁时脑白金的分泌量快速下降，人体开始老化；45岁时分泌量以更快的速度下降，于是更年期来临；60～70岁时脑白金体已被钙化成了脑沙，于是人们就老态龙钟了。

如果想尝尝年轻时的感觉，脑白金的确能让人过把瘾。

美国三大畅销书之一的科学专著《脑白金的奇迹》根据实验证明：成年人每天补充脑白金，可使妇女拥有年轻时的外表，皮肤细嫩而且有光泽，消除皱纹和色斑；可使老人充满活力，反映免疫力的T细胞数量达到18岁时的水平；使肠道的微生态达到年轻时的平衡状态，从而增加每天摄入的营养，减少毒素的侵入。

美国《新闻周刊》断言“补充脑白金，可享受婴儿般的睡眠”。于是让许多人产生了误解，以为脑白金主要用于帮助睡眠。其实脑白金不能直接帮助睡眠。夜晚补充脑白金，约半小时后，人体各系统就进入维修状态，修复白天损坏的细胞，将白天加深一步的衰老“拉”回来。这个过程必须在睡眠状态下进行，于是中枢神经接到人体各系统要求睡眠的“呼吁”，从而进入深睡眠。

脑白金可能是人类保健史上最神奇的东西，它见效快，补充 1 – 2 天，均会感到睡得沉、精神好、肠胃舒畅。但又必须长期使用，补充几十年还要每天补充。

➢ 热点问题

中国《参考消息》、中国香港《明报》及美国几大报刊综合出以下人们最关心的问题及答案：

1. 可以克隆人吗？答：可以。

2. 可以克隆希特勒吗？答：理论上可以。

3. 死人可以克隆吗？答：不。

4. 女人可以怀有“自己”吗？答：可以。

5. 克隆人合法吗？答：法国合法，英国、德国、丹麦不合法。

6. 西方国家总统每天补充脑白金吗？答：许多媒体曾如此报道。

7. 补充脑白金，人可以长生不老吗？答：不，只能老而不衰。

8. 成年人可以不补充脑白金吗？答：可以，如果对自己不负责的话。

9. 美国 5000 万人为什么因脑白金体而疯狂？答：他们想年轻。

此篇软文是脑白金软文营销当中非常著名的一篇，一经发出便收到了非常好的效果。这得益于史玉柱和其策划班底对产品、对市场、对人性、对营销的深刻认识。

脑白金作为保健品，主要功效是调理胃肠道、调节睡眠等，不仅紧扣时下的热点——健康，而且还根据脑部的脑白金体取了一个高端的名字，让它在众保健品中脱颖而出。将脑白金与风靡一时的克隆结合在一起，使之借着热点，成为新闻，吸引眼球，从而一步一步引起销售狂潮。

史玉柱认为，新闻性软文能极大地吸引人们的注意力，相对于广告而言更加使人信服，而且刊登费用还比广告低很多，综合来看不仅投入少，收效大，而且还容易被消费者接受，堪称“两头占便宜”的一种营销方法，非常适合产品启动阶段使用，尤其适合启动资金少的情况。

而且，每发完一篇软文，脑白金团队都要以报社的名义郑重其事地刊登一则启事，范本如下：

敬告读者：

近段时间，自本报刊登脑白金的科学知识以来，收到大量读者来电，咨询有关脑白金方面的知识，为了能更直接、更全面地回答消费者所提的问题，特增设一部热线：××××××，希望以后读者咨询脑白金知识打此热线。谢谢！

××报社

××年×月×日

经过千锤百炼而锻造出的软文，加上以假乱真的报社声明，让脑白金成为保健品行业的领头羊。也让史玉柱总结出脑白金软文营销的秘诀：软硬勿相碰，版面读者多，价格四五扣，标题要醒目，篇篇有插图，党报应为主，宣字要不得，字形应统一，周围无广告，不能加黑框，形状不规则，热线不要加，启事要巧妙，结尾加报花，执行不走样，效果顶呱呱。

花更少的钱，取得更大的成功，脑白金靠着软文营销打天下，而且效果就如史玉柱总结的软文营销秘诀的最后一句话一样，效果顶呱呱。

一万格子的百万格子创神话

亚历克斯·图，一名生活在英格兰威尔特郡的普通大学生，然而这个年仅21岁的平凡青年却在2005年8月份创造了一个创意+财富的神话。他用10分钟建立了一个名叫百万格子的网站，然后将这个网站的首页平均分成1万份，每一份只是一个小格子，他宣称每个格子卖100美元。买家可以在自己购买的格子中随意放任何东西，像是自己网站的LOGO、名字、特意设计的图片链接等。

亚历克斯说，创意出现并制作完成后，他的家人和朋友帮忙买下了第一批格子。赚了1000美元之后，他写了一篇新闻稿。随着媒体的跟进报道，一万格子创造一百万的神话就这样疯狂地开始了。顷刻间，他赚了10万美元，然后20万英镑，赚得钱越多，引起的关注就越多，就像滚雪球一样，越来越多的人和越来越多的钱向他涌来。

一个简简单单的网页，100 0000个像素，每个像素卖1美元，每次至少买100个像素，就是一个小方格，不提供任何内容，却因为点子新奇而吸引了无数广告主，广告位早早售罄，著名的Milliondollarhomepage. com就这样诞生了。

明明就是天方夜谭一般的神话，却在现实生活中成了现实，百万格子更成为一种新的网络赚钱的代名词。这种格子网的广告类似于分类广告，效果与网站的点击率息息相关，这也是为什么后来很多跟风的格子网不断涌现，但是效果却不尽如人意的原因。由此可见，创新是非常重要的。

【经典软文知识链接】

小创意变出“大富翁”

也许你看过马克·吐温的《百万英镑》小说，却不一定上过网站“百万美元主页”。它不卖小说也不卖电影，而是一个既像棋盘又像拼图的“网址大全”。网站首页被划分成1万个格子。只需花100美元买下其中一格，全世界就都可以通过点击它找到你的网页。

建这个网站只花了英国学生亚历克斯·图10分钟，但迄今为止它已为他赚下近百万美元。

➢ 学费逼出创意

亚历克斯现年21岁，就读于英国诺丁汉大学，是家里四兄弟中最小的一个。今年暑假，高中毕业的亚历克斯正在为大学学费发愁，但又不想向银行贷款。整整一个夏天，他天天冥思苦想如何赚钱。8月26日深夜，一个点子突然蹦入亚历克斯的脑海。

亚历克斯在互联网上花10分钟建立了一个网站，起名为“百万美元主页”。他将主页划分为1万个小格，每个格子的大小为10乘10像素，售价100美元。买家可以在自己买下的格子中放上任何东西，包括自己网站的图标、名字或网址链接。

起初，亚历克斯并未对此抱太大希望。虽然网站号称“百万美元”，但他认为能卖出百分之一、二的格子就不错了。不料，这个网站出炉后竟异常受欢迎。订单源源不断而来，平均每天有40个格子被人买走。

截至12月26日，这一成本仅50英镑的网站已为亚历克斯带来了90多万美元的收益。换句话说，1万个格子已成功售出9 000余个，离“百万美元”的终极目标已经不远了。有网友调侃说，如今非但亚历克斯自己不用再为学费发愁，连他下一代的学费都赚足了。

“百万美元主页”如今已声名远播。每天亚历克斯都能收到几千封电子邮件。包括中国在内，已有26个国家的媒体采访过他。

靠卖“格子”变成百万富翁，听来像神话，但在这个网络经济时代，却被21岁的亚历克斯变成了现实。

➢ 走进“百万美元主页”

点击进入“百万美元主页”，眼前就出现了一张“彩色地图”。从电影下载到人才招聘，从廉价CD到疾病治疗，从乐器吧到礼品铺，从租赁广告到个人博客，各种网站应有尽有。只有成人网站被拒之门外。

好创意往往能催生新点子。很快，有人借“百万美元主页”的点击率想出了一个赚钱新招。

在主页中下方，一个格子里赫然出现美国已故影星玛莉莲·梦露的面容。原来这是个“世界名人堂”网站的链接。该网站首页有一个600乘450像素大小的“相框”，一旁说明说，任何想要“出名”的人都可以租用这个相框，上传“尊容”以及网站链接以供全世界“瞻仰”。费用为每分钟1美元，15分钟起租。

广告词这样写道：“人人都能扬名世界！……我们已为您在世界著名网站‘百万美元主页’上占据了一席之地，保证全世界的人都能看到您的脸……在您展露于历史中的这段时间里，数以千计的人会点击玛莉莲（的图片），然后就被链接到我们的网页，而您就在那里。”

➢ 效仿者纷纷涌现

亚历克斯已经度过了大学的第一个学期，正在家享受假期。他说：“从前每年过圣诞，我总是没钱为家里人买体面的圣诞礼物，今年我可以稍微挥霍一点了——不过不会太多。”

迄今为止，亚历克斯最奢侈的一次消费就是买下了一辆黑色“宝马”微型车。谈及致富感受，亚历克斯说，尽管赚了大钱，他依然会“保持谨慎”。这次经历使他相信“创造财富可以很简单——我听说过，有些人中了彩票，但一年后就把钱挥霍一空。所以我知道，我必须很小心。”

亚历克斯怎能料到，自己被学费逼出来的点子竟会在全球引来很多效仿者。在中国，“百万美元主页”的中文仿照版如“一百万”等已悄然出现。一些网站甚至将“百万美元主页”列为“2005 最值得一看网站”。

在信息迅猛发展的现代，互联网已经成为“一切皆有可能”的代名词。每个人都有梦想，每个人都有信念，将这些美好的向往找到一个好的依托呈现出来，便有实现的可能。打开 http：//www. milliondollarhomepage. com，只需等待几秒，你就可以看到整个网站的庐山真面目，花花绿绿乱七八糟的一片，然而就是这样乱糟糟的网页，鼠标随意点击一个地方，就可以进入一家企业，其创意和方便，给亚历克斯带来了 100 万美元的收入。100 万美元是什么概念，对我们而言仅仅是 1 后面有 7 个零而已。但是慕容雪村在《伊甸樱桃》一书中曾经将 100 万美元量化，就是这几个数字，可以买 160 000 件过冬的棉衣，4 000 000 斤土豆，6 500 000 斤大米。

临渊羡鱼不如退而结网，梦想与机遇，信念和坚持，在赢得财富、成功面前，一个都不能少。机会和梦想，信念和坚持，想得到财富，一个都不能少。

格兰仕软文营销剑走偏锋

格兰仕集团是一家定位为“百年企业，世界品牌”的世界级企业，1992年在广东顺德、中山起家，从1995年开始成为中国微波炉、空调及小家电行业的第一，1998年后，格兰仕微波炉成为世界冠军。不仅在中国总部拥有13家子公司，在全国各地共设立了60多家销售分公司和营销中心，在香港、韩国首尔、北美等地都设有分支机构，一时辉煌无两。

然而，如此风光也是由伤痕累累、危机四伏换来的。当时十多年来一直秉承“总成本领先、摧毁产业投资价值”理念的格兰仕，价格战无以为继，从价格到价值的战略转型又坎坷不顺，对于格兰仕而言，前路如何走是事关生死存亡的大事。

早在最初1992年梁庆德要做格兰仕微波炉的时候，就被传为一个笑话，一个靠羽绒厂起家的55岁的人想要转行做家电，简直就是天方夜谭。但是，梁庆德力排众议，毅然成立了格兰仕。在最初成立的三年期间，格兰仕毫无优势可言，基本上是跟着蚬华这样的知名品牌小心跟进、大胆模仿。在1995年的时候，格兰仕的当家人从上海挖到了俞尧昌。他是营销策划的好手，以“价格驱动，引导消费”的概念提倡文化营销，就是他以最擅长的新闻策划，说服梁庆德拨款30万元，在全国各重点晚报上推出了一系列引导消费者如何使用微波炉的新闻型软文，自此之后，格兰仕微波炉在消费者中树立了品牌影响力，终于在1996年下半年显现出软文营销的效果——格兰仕微波炉的市场份额超过了蚬华，逐渐显现出微波炉界领头羊的端倪。

但是这条路依然难走，格兰仕走到如今，碰上的是中国家电企业的“价格战”，因为当时“供过于求、产品过剩”已是大环境下的事实，降价不可避免。面对这样“杀敌一千，自损八百”的做法，格兰仕利用大幅降价引起了媒体的广泛关注，以此制造轰动效应，提高销售量，单单在广告费上所省下的费用就相当可观。据资料显示，与格兰仕年销售量相当的一些家电企业，一年投入的广告费用多达上亿元，但是格兰仕的广告费用仅为1000多万元就达到了相同的效果，这都是俞尧昌提倡的软文在起效果。

随着软文的精心策划及发布，格兰仕逐渐占有了微波炉市场70%的份额，几乎一家独大。可是好景不长，随着行业的整体成熟和市场的变迁，依靠价格恶战、新闻炒作来提高销量已经不复曾经的效果，所以，格兰仕不得不重新调整战略。

曾任格兰仕微波炉销售本部总经理的龚志安经过实践、反思得出：在以往大促销、大降价的大兵团作战中，没有规划和缺乏统筹也能伴随着市场的高速发展而使业绩稳步提升。但是，当产品进入成熟期，精耕细作、精益管理就成了提升业绩最重要的手段和方法。这一观念的提出为以后格兰仕从价格到价值的转型奠定了基础。2004年7月梁庆德与曾和平在美国相遇，两人一拍即合，曾和平到格兰仕担任副总裁兼新闻发言人，力主从价格到价值的转型。以“技术创新与价值提升”让格兰仕告别价格屠夫的形象。

历经转型，格兰仕每一步都走得艰难，但是却一直在坚持并摸索着前进。在格兰仕前进的道路上，依然少不了软文的帮助和扶持。

【经典软文知识链接】

格兰仕剑走偏锋破困局

6 月 11 日，全球最大的微波炉企业格兰仕对外宣布：斥资亿元向全国招募微波炉美食加盟店，只要同意在门头加上“微波美食”四个字，推出微波美食推荐菜等，就能得到格兰仕免费赠送的微波炉、光波炉等共价值 1 万元的资助。事实上，格兰仕集团投资亿元建微波美食店的根本目的，是突破 2001 年以来国内销售停滞不前的困境。

➢ 规模扩张乏力

“我们不奢求高额利润，我们利用规模创造财富。”这一直是格兰仕集团各高层经常挂在嘴边的话语，也是格兰仕的生存之本。然而这个利用 10 年时间迅速发展成为全球最大微波炉制造中心的企业，近几年遇到了麻烦。

其副总裁赵静介绍：“格兰仕微波炉产品的国内销量在 2000 年达到了顶点。从 2001 年开始，销量就一直保持在四五百万台的规模，无法突破。”事实上，格兰仕不过是全国微波炉销售情况的一个缩影。业内人士介绍，全国微波炉销量近年来一直停滞在 1 000 万台的规模，并出现微量下滑的趋势。

对格兰仕来说，规模就是利润。赵静介绍：“格兰仕微波炉的利润非常薄，每台平均单价 500 元左右，利润只有二三十元。”如果规模扩大不了，在已有市场基本饱和的情况下，营销成本会相对提高，目前的赢利水平就无法保证。因此，格兰仕目前迫切需要扩大国内销售规模。

➢ 指望培育市场

对于国内微波炉市场停滞不前的原因，格兰仕集团另一位副总俞尧昌认为，这些年来，微波炉同行都在进行掠夺性的市场份额争夺，而非致力于市场保有量的扩张。

根据格兰仕的调查，目前国内一、二线城市微波炉普及率已经由过去的1台/百户提升到50台/百户，而三、四线城市却连20台/百户的普及率都达不到。“这部分地区推进的步伐特别慢，”俞尧昌坦言，“但它是以亿元为单位的市场。”

另一个值得关注的问题是，微波炉的使用寿命是10年。中国微波炉市场起步已有10多年，却始终没有出现大量的二次消费。格兰仕方面判断，这是因为已购买的微波炉未得到充分利用。

“要想继续发展，只有培育市场。而培育市场这种事情，是不可能指望杂牌军去做的。”俞尧昌说。1995年，格兰仕曾进行过在全国媒体上开辟专栏、随机赠送微波炉菜谱和VCD等一系列消费引导活动，当年便以25.1%的市场占有率冲上全国微波炉老大的位置，并顺势发展成为目前的全球微波炉制造中心。格兰仕认为，推美食店与1995年消费引导会有类似的效果。当人们在各个城市都能看到微波美食店时，自然会想到格兰仕，从而提高格兰仕的知名度。

➢ 三年建店一万

据了解，格兰仕将在三年内建成一万家微波美食店，并根据开拓市场的不同要求，建成一个金字塔形的加盟店网络，即一线城市最少，四线城市最多。如北京这样的微波炉普及率高的城市可能只有数十家，而普及率低的小城镇数量则翻倍。

对于这些店面，记者从格兰仕公开的“微波炉美食店协议”中看到，格兰仕只要求加盟者在门头上加入统一的“微波美食”字样，在店面内有格兰仕的宣传海报、格兰仕微波炉推荐菜等即可，店面既可以是下岗职工再就业开办的新店，也可以是能提供下岗职工再就业的现有美食城、美食店以及美食广场等改建、扩建的店中店、微波分店。

除此之外，格兰仕并不要求饭店必须只做微波炉食品，只要在原来经营范围的基础上，有微波炉推荐菜就行了。与这些店没有任何资本关系的格兰仕，会提供免费微波炉、光波炉以及成本价格的空调，免费的门头装修，部分内部装修补贴以及光波、微波烹调培训等。

➢ 甘冒无数风险

尽管格兰仕方面雄心勃勃，但这个美食店计划会给格兰仕的前路带来无数的风险。

首先，格兰仕对加盟店没有任何日常经营管理的监督。一旦加盟的微波美食店出现卫生安全问题，将极大影响格兰仕的声誉。据俞尧昌介绍，格兰仕将与加盟店签署一项协议，根据协议，一旦对方出现卫生问题，格兰仕将收回赠送的微波炉、光波炉等全部产品。但是有人指出，一旦上述情况出现，就已经在事实上损害了格兰仕的声誉。

其次，格兰仕所投出的上亿资金的安全也存在问题。由于格兰仕是免费赠送上述资产，一旦加盟店蓄意侵吞这部分资产，尽管可以通过工商、卫生部门追回，但所要花费的资金可能更多。

更大的问题是，中国人习惯于炸、烤、炒等传统烹调口味，如果加盟店所推荐的微波美食口味得不到消费者认可，可能反而制约了微波炉的消费，格兰仕所赠送的产品也很可能被冷落在一角，或者仅仅成为加热工具。

有意思的是，格兰仕对此似乎并不在意。俞尧昌说：“一万家店可能会失败一部分，但也会成功一些吧。”

以上是《京华时报》在2004年的时候对于格兰仕的一篇报道，投资上亿元，加盟店一万家，是当时格兰仕缓解危机的一个重要举措，而这一举措通过《京华时报》一报道，瞬间可信度飙升，消除了人们想加盟但是却怕被骗的疑虑，为其营销策划扫平障碍，增加了不少助力。在危机四伏的商战中，利用新闻软文做营销而且取得成功，这本身就是剑走偏锋的大胆尝试。

海尔软文营销爆家电新潮流

SEO 工程师苏笛康认为，软文不仅仅局限在文字稿件上，任何一种可以加强受众对某个品牌的认知，或者促进消费的事物，都可以是软文的有效形式。

以《海尔兄弟》为例，这部海尔集团斥资 6 000 万元打造的大型国产动画片，不仅是很多人童年美好的回忆，更是海尔软文营销史上的得意之作，在软文界堪称奇葩，一直到现在还被人津津乐道。

动画片的主人公海尔哥和海尔弟的卡通形象，来自海尔的品牌商标，动画的播出，瞬间让所有人记住了海尔这个名字，其家电的销售量横扫中国。而且动画片中人物的名字包括克鲁德、詹妮等都采用了西方常见的名字，彰显着海尔在制作之初，就已经打算推向世界的野心。而后期产生的影响力也告诉我们，它的覆盖能力，已经不是一般的软文所能比拟的，它一方面传播了丰富多彩的文化，另一方面将海尔这个商标深深地烙印在“80 后”和“90 后”的大脑中，完美地诠释了软文的本质——引导消费者，宣传品牌。

传统观点中的软文，更多地集中在追求短暂或者中期的营销价值上，往往无法实现长期价值，这是企业自身的财力和眼光限制造成的。但是海尔却突破了传统的软文思路，将品牌推广中的软文营销部分打开，历时十余年，终于在1996年将《海尔兄弟》推上荧屏，以其环游世界的情节，为孩子打开了一扇观看世界的窗；以其传播知识的科普性，赢得家长的好感，支持孩子观看；以其后期放弃此部动画片直接收益的举动赢得各个企业的支持……这些因素，这些效果，是软文营销中非常珍贵的存在，也正因为这些，《海尔兄弟》才能在各大电视频道中热播多年，经久不衰。

海尔借着《海尔兄弟》这股席卷全球的风，知名度水涨船高。站在家长的角度，海尔不同于那些聘请明星模特做广告的企业，因为那些离现实生活太过遥远，而《海尔兄弟》就在孩子的口中，就在日常生活中，动画片中的每一个知识，指不定哪天就能用到，如此亲民的形象，是其他企业所没有的。而这些刻在记忆深处的良好印象，价值远远超出数千万的投资。当时家长购买家电的时候，我们嚷嚷着要把“海尔兄弟”买回家，如今“80后”“90后”的我们成了消费的主力军，进商场看到海尔，仍然有一种莫名的亲切感，然后就会将海尔搬回家。

以亿计算的央视广告费和耗资6 000万的动画片，哪个效果更好，海尔已经用实际行动证明了。

【经典软文知识链接】

两包感冒药和一台海尔空调

几天前，从台湾来昆明经商的高先生，亲自将一面锦旗送到了昆明海尔顾客服务中心，衷心感谢海尔为其提供的真诚服务。

原来，今年元旦期间，昆明的气温突然下降，高先生刚刚出生两个月的儿子和患有哮喘病的妻子因为天冷都感冒了。元月5日早晨9：00，他去云泽专卖店购买了一套海尔氧吧空调。在购买空调时他向直销员讲述了自己家里的情况，希望能够尽快安装好空调。当高先生走出专卖店时，天空已经飘起了雪。高先生又去超市为家人买了一些生活必需品，而此时整个世界已经银装素裹。

当他回到家里时，他惊呆了：两位海尔空调的售后服务人员已经来到了自己的家，正在娴熟地安装空调，而此时一位海尔服务人员正在给高先生的妻子递药。“哪来的药?”高先生好奇地问妻子，妻子激动地告诉他是海尔的师傅们买的。原来高先生在购机时向空调直销员讲述自己家里的情况后，被细心的海尔空调直销员记在心里，在向售后服务人员安排安装任务时，叮嘱务必顺便捎上感冒药。

高先生的妻子激动地说：“孩子刚才还在哭闹，是海尔服务人员给送来的感冒药，刚刚吃过以后，他才安静地睡着了。”他们谈话的功夫，空调已经安装好了。在安装好空调以后，服务人员并没有立即离去，又主动替他们把家里的冰箱、洗衣机、彩电等家用电器统统检查了一番，确认没有任何故障后才悄然离开。

每次开启空调时，不但吹暖了身体，也吹暖了高先生一家人的心。一套氧吧空调，使房间里温暖如春。两包感冒药，不仅治了用户的病，更暖了用户的心。

一篇好的软文，读过之后必然会给人以深刻的印象，此篇于2003年3月25日发表在人民网上的软文，就是打感情牌打得非常好的一篇。单纯以标题而言就可以引起人们的好奇心，海尔空调跟感冒药有什么关系？然后为了解开这一疑惑，读者就会看正文，读完全文便会被海尔“急用户之所急，想用户之所想”的诉求打动。

软文选择“元旦期间，昆明的气温突然下降，高先生刚刚出生两个月的儿子和患有哮喘病的妻子因为天冷都感冒了”这个本身就容易出现感人事迹的背景，以海尔售后服务人员冒着严寒为高先生安装空调，并为他们带来了感冒药的感人情节，悄无声息地烘托出海尔温暖人心的服务。文章末尾“刚才还在哭闹的孩子，安静地睡着了”一句，干净利落，却不露痕迹地让读者觉得回味悠长，想着“海尔服务真好”，立刻对海尔的印象有了加分。

王老吉软文营销卖断货

这里所说的王老吉是现在的加多宝。2012 年 5 月 9 日，中国国际贸易仲裁委员会作出裁定：《“王老吉”商标许可补充协议》和《关于“王老吉”商标使用许可合同的补充协议》两份合同均无效。也就是说从 2010 年 5 月 2 日起鸿道集团已经无权使用王老吉商标。随后鸿道集团将其更名为加多宝。

生意做得最红火的时候换商标，对于企业来说是元气大伤的一件事情，可是加多宝却在危机之中，寻觅出转机，开始了重塑加多宝的品牌之路。

第一步，去“王老吉化”。这是加多宝战略重塑品牌的第一步。为了使消费者能够自然地从王老吉过渡到加多宝，不失去原有的客户群，在此基础上积极吸收更广泛的消费群，并使之成为忠实客户，加多宝对正宗凉茶的配方进行了改良与深加工，从本质上实现了去“王老吉化”。

第二步，全面抢占市场。销售渠道和品牌维系一向都是竞争的关键，加多宝一边巩固其渠道系统，一方面积极拓展新的渠道，尽显“王者”气势。

第三步，发动品牌宣传。加多宝为了加深消费者的印象，在电视、地铁、发布会等传统营销模式的基础上，通过QQ、微博等交流工具全面、密集地向大众宣传加多宝，全方位发动品牌宣传攻势。

第四步，赞助中国好声音。加多宝抓住中国好声音的潜在收视率，冠名中国好声音。《加多宝中国好声音》播出后一夜走红。随着主持人的反复播报，冠名赞助的加多宝掀起“红色旋风”，并蔓延至场外，销售量水涨船高。

第五步，投身公益。加多宝从还是王老吉的时候，就一直积极参与公益事业，改名加多宝之后，面对灾难，加多宝果断捐款。在雅安地震时，加多宝集团第一时间便紧急调集1000箱加多宝凉茶与1000箱昆仑山矿泉水奔赴灾区，24日又调集2000箱加多宝凉茶，缓解了灾区用水的燃眉之急。在芦山地震时，加多宝紧急拨款1个亿，为当地灾民恢复生产生活提供了可持续性的扶贫项目。瞬间，加多宝成为有良心企业的代表，消费者喝凉茶，自然选择加多宝。

【经典软文知识链接】

“第一罐”王老吉为灾区人民捐赠善款一亿元

5月18日晚，央视一号演播大厅举办的“爱的奉献——2008抗震救灾募捐晚会”总共筹资逾15亿元。其中，中国饮料业巨子罐装王老吉以一亿元人民币的国内单笔最高捐款，诠释了这个时代最值得树立的民族企业精神。

祖国内地单笔捐款首现一亿元，如凤凰涅槃般的高尚民族情结感动着今时今日的每一个中国人，所有参与其中的人都经历了一场刻骨铭心的道德纯净之旅。

由中宣部、文化部、国家广电总局、国家新闻总署、中国人民解放军总政治部、中国文联、中国作协和央视联合举办的晚会中，来自企业、文艺界及其他社会各界的人士纷纷慷慨解囊，现场捐款一浪高过一浪。

➢ 王老吉亿元誓铸众志成城

离地震发生已经过去100多个小时，震灾造成的群众伤亡和严重损失超乎了所有人的想象，而民间自发的大规模善举也掀起了前所未有的高潮。据最新统计，前方救灾工作仍在争分夺秒地进行当中，全国赈灾款项募集已超过90亿元，且金额仍在不断增加。

继台塑集团和日照钢铁先后捐赠一亿元之后，作为中国民营企业代表的王老吉（加多宝集团）此次同样高达一亿元的赈灾捐款，第一次使得两岸三地的企业同步书写了创纪录的慈善壮举。从某种意义上来说，这个数字背后所代表的价值观也第一次使得中华民族与生俱来的同根精神拥有了具象的体现。更重要的是，遍布全球的华人不约而同地朝着“众志成城”的精神高地努力，“我为人人”的崇高信仰不仅是中国人民的精神财富，也是全球华人的精神宝藏。

晚会上，王老吉相关负责人郑重代表企业捐出一亿元人民币，用于四川地区抗震救灾工作，此番善举赢得掌声雷动。王老吉相关负责人郑重表示，“此时此刻，加多宝集团、王老吉的每一位员工和我一样，虔诚地为灾区人民祈福，希望他们能早日离苦得乐”。

社会捐赠的集结号早已经吹响。尽管慈善事业不分大小和先后，作为国家社会中坚力量的企业公民，其善举带动的不仅是救灾财力的提增，更是对全体民众的精神激励——有负责任的企业，必有负责任的员工，也必有负责任的大国国民。

➢ 民营企业承担更大社会责任

作为民族品牌代表的中国企业，在经济推动国家机器运转的现实情况下，始终是社会的中流砥柱，他们的社会责任感也从另外一个侧面体现了大国崛起下的精神内核。而当中许许多多的民营企业，也在不断的发展进步中逐渐显现出应有的社会责任感，成为此次赈灾中不可忽视的民间力量。

事实上，要想成为一个合格的企业公民，仅凭良好的意愿是远远不够的，更需要一种非修炼不能获得的能力，慈善远不止捐款捐物那么简单。

在加多宝的发展壮大过程中，公司对社会问题的关注一直贯穿始终。在过去的十年间，无论是在非典期间的付出，还是持续了八个年头的以资助贫困生为主题的“学子情”活动，王老吉一直笃行的是改良性的变革。

罐装王老吉相关负责人表示，企业的社会责任事实上应被转化为一种视野及与之匹配的行动力。一个勇于、乐于承担社会责任的企业，恰恰是着眼未来并积极行动的变革者。“王老吉今天所获得的第一罐的行业地位，正好体现了一个传统的民族饮料品牌对于未来的积极参与。”他说。

一位在中华慈善总会工作了近20年的负责人表示，“慈善事业必须长期化和流程化，我们期待每个有责任感的企业能够通过自身的不断努力，促进整个社会朝着更高的人文境界前行。”

➢ 王老吉：回报社会凭什么？

同样，企业如果仅仅具备很强的责任感，而缺乏能力，那也无力承担社会责任。恰恰是受中国传统文化的影响，并得到众多同胞的支持与认可，使王老吉在今天获得了这种承担社会责任的能力，王老吉也因此视回馈社会为一种天经地义的重任。

从各种报道中不难发现，红罐王老吉（加多宝集团）经过13年的发展，已经成为全国饮料行业的领导品牌。国际权威调研机构AC尼尔森关于饮料市场的一则最新数据显示，2007年下半年，王老吉在国内罐装饮料市场的销售额已经超越了在中国饮料市场上的众碳酸饮料品牌。而今年3月国家统计局、中国行业企业信息发布中心发布的数据更清晰地表明，王老吉“2007年度全国罐装饮料市场销售额第一名”的称号，使得王老吉成为名符其实的“中国饮料第一罐”。

从当年偏居一隅的凉茶品牌，到今天中国市场的佼佼者，王老吉的发展为中国国内品牌提供了商业化的范本。到目前为止，加多宝集团已经在广东、福建、浙江、北京与武汉分别设立了罐装工厂，以应对全国市场的需求。同时王老吉还通过策略性的广告投放、渠道承载力和终端运营力提升等措施，不断巩固其市场地位。

而作为饮料行业的翘楚，王老吉也将商业运营与企业公民责任进行了很好的平衡，始终把有益社会、关注民生作为企业发展的理念。持续八年的“学子情”活动，将自助和助人的信念贯彻始终，为企业、贫困学生、热心公益的个体建立了互助学习的平台，让关爱和帮助始终延续和传递下去。王老吉的种种善举，同时也展现了“中国饮料第一罐”企业所应有的大家风范。

积奠实力，是一个企业能够持续反哺社会的源泉。在大国崛起以及民族情绪不断高涨的背景下，像王老吉、华为、奇瑞这样的民族产业脊梁，正通过自身的不断努力，一步一步推动着中国经济的发展以及社会意识的进步。

此篇软文于2008年发布在腾讯网上，发布的时间恰到好处。在全民关注地震灾区情况的时候，加多宝不仅为灾区的重建提供帮助，还对众多民营企业起到了模范带头作用。正因如此，我们对加多宝的好印象一时无两，觉得它是有良心、最正义的企业，喝凉茶就喝加多宝自然而然成了一种时尚。

随着一系列软文的发布，无论是“王老吉捐款1亿元”，还是“加多宝牵手中国好声音”，所形成的效果就是人们对加多宝越来越了解，购买加多宝的人越来越多。私募基金东方港湾董事总经理但斌作为市场人士，也不得不承认：“10间便利店中只有1间店销售王老吉，而10间便利店的加多宝凉茶均陈列在货架的显眼处。”由此可见加多宝将软文运用得炉火纯青。

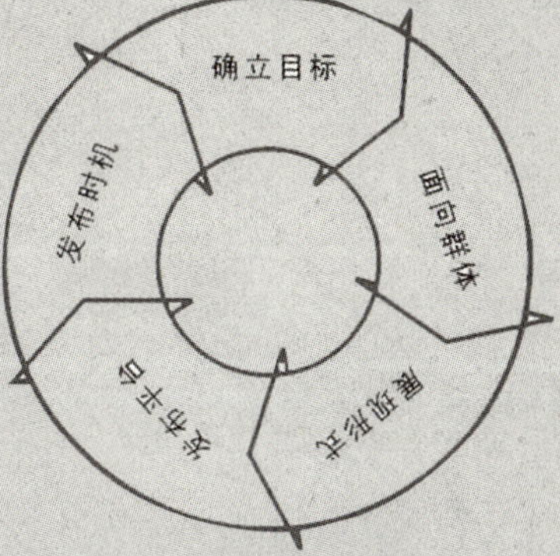

第四章

风情多样的软文类型

故事型软文

故事型软文就是通过创造一个“动人又真实”的故事，从而带出产品，让消费者在读故事的时候潜移默化地记住故事中的产品。也就是说，在故事型软文中，故事不是目的，故事中包含的产品才是软文所要体现的关键。一篇好的故事型软文，能够给消费者造成很强的心理暗示，从而将产品推销出去。而如果一篇软文写完之后，没有让消费者有了解这家企业或者产品的冲动，从而带动消费，那么这就是一篇失败的软文。

写出好的故事型软文，需要注意以下几点：

一、注意三个要素

1. 注意留白。留白在绘画作品中经常被提到，意思就是在作品中留下相应的空白。一篇好的绘画作品需要留白的艺术，具有很高的审美价值，有着“此处无物胜有物”的意境，一篇好的软文也是如此。所谓故事型软文的留白，就是故事不能百分百讲清楚，而是要保持“神秘感”，引导消费者想象，让消费者自己将故事脑补完成。比如我们创造一个故事背景，设定几个人物形象，以此定位品牌，在主线确立之后，交代几个主要因素，剩下的交给消费者就可以了，让消费者自己陷入你的故事并自行想象。这是软文的最高境界，是说话留三分的艺术。

2. 注意参与。在营销中与消费者互动是非常重要的，必须让消费者成为故事中的一部分，调动消费者的积极性，让消费者觉得在这个故事中他是一个重要角色，从而展开丰沛的想象去完成你的故事，自然而然你的观点也就会印在他的脑海中，变成他的理念。

3. 注意事实。这是最重要的一点，无论是什么故事，都必须有原型作为依托，否则就是欺骗。而欺骗对于消费者来说是绝对不能容忍的。一篇好的故事型软文就是要五分真三分假，再留两分给消费者想象，真实动人又不夸张。

二、规避三个误区

1. 过火的标题。虽然很多情况下软文的宣传离不开标题，但也要有一个度，不可过火。故事可以编，但是不能编得太离谱。否则大家一看就知道是假的，或者此后知道是假的，对产品、对公司的印象都会大打折扣，甚至出现厌恶情绪，造成反效果。

2. 辞藻过于华丽。故事型的软文的最大特点是它是一个故事，最需要具有很强的可读性，而且故事要看起来发生在我们身边，离我们很近，所以语言需要平实，适当华丽。如果过于华丽的话，会给人以距离感，甚至虚假感。其实除了写作手法需要注意以外，真实、可信才是一篇成功软文的取胜法宝。

3. 故事性太强。虽然是故事型软文，但是故事性太强，会让人忽略其中宣传的目的。故事型软文要软中有硬，讲故事的同时将所要宣传的产品巧妙融入其中。这一点比较难以掌握，因为故事性不强，宣传痕迹就会很明显，故事性太强，又容易让读者忽略了宣传目的。以淘宝推广一件衣服为例，它用了一个感人至深的故事——婚姻七年之痒，老公差点出轨，故事主人公努力改变，力挽狂澜，终于挽回了丈夫的心，重新找回幸福。

同样一个故事，如果写作的角度及渲染的感情不同，宣传效果可能就会截然不同。写得比较失败的，故事极其感人，甚至令人潸然泪下，结果，读者只记得主人公的苦难及幸福，完全忽略了其中出现过一件衣服。写得比较成功的，故事情节一般，内容也一般，但所有情节都是围绕着一件衣服而来，显然，读者读完故事之后，即使内容记不清楚，这件衣服的作用也会记得非常牢固。

总而言之，故事型软文的写作，既不能太明显地露出“马脚”，也不能为了隐蔽而忽略了其主要目的。所以如何能把握住这个度是非常关键的，也非常难的，需要大家长时间地锻炼和摸索，才能真正达到目的。

【经典软文知识链接】

情感解密：七年之痒，小三居然是“她”

第一次见到流苏是在11月30日下午，在她上班的那家影楼附近的一个咖啡厅里。流苏是一家小有名气的影楼的化妆师，见证了太多人的幸福。她说：“每天看着那么多新人走进来拍摄婚纱照，为他们化妆，我的心里就有一种说不出的感动，还好我现在很幸福”。

➢ 相识，便是缘

认识高升是在读大学的时候，那年大一在新生的迎新会上，高升作为表演嘉宾，一把吉他一个老歌赢得了满堂喝彩，当然也赢来了我的那颗心。后来，我们很是顺利地确定了恋爱关系。两年之中我们也有小吵小闹，但是丝毫影响不到我们之间的感情。临近毕业的时候，父亲得了肺癌，没等到看我拿到美术学校的毕业证就离开了人世。原本还想继续深造的路被堵死了，我不得不出来找份工作，没办法之下去了一家影楼做自己喜欢的化妆师。男友高升选择了继续深造，不知不觉我们的路似乎越走越远。只是，我们两人还算珍惜那份似亲情的爱情。

➢ 婚姻，便是亲

我工作了四年，在我们各方面条件都还算不错的情况下，我们结婚了。婚姻很平实，没有什么大的惊喜。多年的恋爱长跑，让我们彼此都成了亲人。已然没有了恋爱初期的那种悸动和激情。每日，下班之后，我在家便是照料整理家务，做做饭之类，告别了女孩子的聚会活动和逛街。之前，我们考虑过要孩子，但是，老公说，现在是事业的关键时刻，还是再等上几年。其实，现在这样的局面，对于自己来说远远异于当初对于婚姻的设想，但是婚后老公对我一心一意，所以有时候我想，也许多数人的婚姻都是这样的吧，一辈子，很快就会过去的，爱情不过是电影、小说里的元素，现实生活中哪有什么爱情啊。

➢ 爱情，你不知

我承认自己个多疑的人，尽管婚后生活也挺顺利，但是我也不时会想，如果高升在外边偷吃，我会怎样。让我想象不到的是，有一天我真遇上了这样的问题。今年10月，我的一个闺蜜忽然神秘兮兮地来电话，“我看到你老公了……”我马上前往闺蜜所说的地方，看见高升正和他公司的一个小姑娘在药店里面，脸上露出了久违的满意的笑容。更让我气短的是，他们吃饭的地点竟然就在我们第一次吃西餐的同一家餐厅的分店。

“我的心都碎了，那个女人除了比自己年轻，甚至还不如我好看呢!”

➢ 信任，若危机

之后的很长一段时间，我一直都很……不知道怎么形容那样的感情。这几年来，高升给我所有朋友的印象都是那样的老实，谁都不会去想，他居然会出轨。我想过离婚，但是我一想到几年的婚姻难道就这样毁于一旦吗？我真是退也不是，进也不是。

后来的后来，我意识到，正是因为我的犹豫挽救了我的婚姻。2011 年 11 月 11 日，恰逢百年一遇的神棍节，正好是我们的周年结婚纪念日。那天，我在影楼故意下班很晚，实在是不想出现在那个充满谎言的家。但是，我不回家又能去哪。

后记：我问流苏后来回家发生了什么，流苏笑了笑说，其实，情侣之间很多时候就是这个样子，不信任了才会“痒”。至于我们的故事，只是一个简单的乌龙。原来，流苏自今年入秋以来，一直鼻塞，有时候闻到什么刺激性气味就一把鼻涕一把泪，去医院查了下，是患了过敏性鼻炎，不过因为工作的缘故也只是简单吃了点药，也没什么效果。丈夫高升看在眼里是急在心里，便到处打听，同事小美说一个药店的朋友提过鼻护士激光治疗仪，治疗鼻炎的效果还不错。那天便是两人去药店询问鼻护士激光治疗的具体情况，至于吃饭，帮个忙请吃顿饭不为过吧，吃饭的地点，那真是个“巧合”了。

流苏笑道：我原本以为是七年之痒，没想到小三居然是“她”。

这是一篇极好的故事型软文，首先，标题很吸引人，符合人们关注的情感问题，而且极具八卦性。好的标题意味着软文成功了一半。接下来的正文，故事性非常强，但是在看故事的同时，你却不会忽略原来一切都是过敏性鼻炎惹的祸，是为了买鼻护士激光治疗仪才导致的误会，没有过敏性鼻炎的读者看了之后会被故事感动，对这个一扫而过，但是同样深受过敏性鼻炎困扰的读者，却会深深记住这一产品，并随后抱着试试看的心态去购买。此篇软文是在讲故事，但是从来没有脱离核心，一直都是围绕着过敏性鼻炎，围绕着治疗过敏性鼻炎的鼻护士激光治疗仪来写的，给人一种可读性高，但是最终又豁然开朗的感觉。

情感型软文

情感型软文，就是在软文中导入情感诉求，即通过极富人情味的广告诉求方式，去激发消费者的情绪、情感，满足消费者的心理需求，进而使其萌发购买动机，实现购买行为。

人是情感丰沛的灵长类动物，如果文章可以触动读者内心的情感，唤起共鸣，那么就能达到不错的营销效果，这就是情感型软文的精妙之处。尤其是在我们这样一个讲究人情味的国度，爱情、亲情、友情这三种最基本的感情元素，一向都是人们关注的焦点和永恒的话题。因此植根于人情浓厚的本土特色土壤中，情感型软文是非常具有市场的。它将所要宣传的产品包装在情感当中，触动你心灵的同时，也让你深深记住了这件产品。

如何写好情感型软文，对于写手来说是一个很大的挑战，毕竟情感好写，但动人难。如果想要写好，首先你需要学会伪装，伪装成各个性别、各个年龄段、各个社会层面、各个行业的人，走入他们的内心，了解他们内心最喜欢的东西，如此才能知道如何包装这篇情感型软文才能打动他们。

比如，“清华清茶”作为一种保健茶，宣传走的就是情感路线。它以一句“老公，烟戒不了就洗洗肺吧!”便将整个保健品市场运作得很成功。这种软性文章可以把内心最真实的情感呼唤出来，因为很多妻子都会担心抽烟的老公的身体状况，所以看到这样形象的广告语，自然而然会想到不然也给老公买回来让他洗洗肺吧。如此一来，销售便出现了。也正是因为一系列软性文章，在短短一段时间内，清华清茶就创造出了一个巨大的洗肺清烟毒的保健茶市场，堪称情感型软文的典范。

【经典软文知识链接】

等待来的爱情

有时候，人真的很渴望幸福；有时候，人在幸福来的时候却不知道；其实更多的时候，幸福就在你身边的不远处。

今晚来到西湖，一个人，心里很平静又很幸福，西湖的水也很平静。不知千年来的西湖，见证了多少良缘美眷。然而我也知道，有很多缘分也在这里相遇。小时候观看《新白娘子传奇》，白娘子和许仙的故事，总是让每一个少女心起波澜。同样我也渴望遇上我的许仙，在某一个黄昏雨中，漫步西湖。

毕业后的我，在一家婚纱店上班，天天看着穿婚纱的女孩子，心中无比的羡慕，我在等待我的许仙。杭州地区的婚纱竞争还是比较激烈的，老板娘鼓励大家要有创新精神，提高了回扣。我大学时学的是电子商务，于是便投入在网上经营中，从淘宝到易趣，一个个店子的经营，比较辛苦，回报不多，毕竟我们的生意在杭州，全国的网上平台比较难适应，生活无波无浪，照着镜子，人又老了一岁，其实我身边有一大堆男人，可是就是对不上味。2008 年，我转回本地网络经营，这时杭州的网络也有了很大的发展，真是好时机，我在最有名气的杭州打折网开了一个店，叫“紫薇婚纱店”，我母亲就叫紫薇，父母幸福的婚姻是我一直的向往。

紫薇婚纱店慢慢地红火起来，现在时尚的杭州女孩都在网上找她们梦中的嫁衣，而我为她们出谋划策，看着每一个女孩子穿着婚纱转来转去的样子，我心中充满了幸福，又充满了渴望。我等待我的许仙，我的婚姻是什么样子的呢？从十岁起，我就想象，策划我的结婚典礼，具体到了什么样的戒指，什么样的地毯，还要让我姐姐的女儿帮我牵婚纱，最重要的是，婚纱照一定要到西湖拍。千年之前，白娘子和许仙的遗憾，就让我来完成吧。2008 年夏天，杭州打折网开展活动，邀请网上的商家参加，那时正是奥运期间，婚纱生意很好，我也去了。会上，我遇到了他。一身黑西装，笔挺笔挺的，俊朗的脸，笑起来，腮上还有两个小酒窝，他一下子吸引了全场的眼球。我心想，这个人，也是开网店的吗？

会上，他发言了。原来他是在一家 IT 公司上班的，在打折网开网店是业余爱好，IT 出身的他，熟悉网店，他的业务比我的还多。他口才很好，还时不时幽默一下，座谈时，大家纷纷跟他交换名片。我把我的名片递过去时，他“哦”了一声，抬起头，说：“你就是紫薇店主啊？这么年轻，想不到哦。”我望着他明亮的眼睛，心中一种没有过的波澜涌起，胸口加速起伏，我做生意已经很多年了，什么人都见过，为什么见到他就这么激动呢？我极力保持镇定，微微笑了一下，就折回自己的座位。互动活动时，我意外地跟他一组，游戏规则是：男的背女的，男的眼睛拿黑布绑着，女的在背上为他指路，直到把气球踩破。卧在他厚实的背上，不免有些心猿意马，那么温暖。我在他耳边指着方向，我看到，他的脸也红了，这种红，绝不是背累的红，应该是……我们配合得很默契，第一个踩破气球。奖品是杭州打折网给予我们的一个月的免费广告版块。他的网店在打折网的左边，我在右边。他跟打折网的负责人说：“可不可以中间拉一条红线啊，作为两家网店的沟通点。”我也在旁边，脸红了，低下头，假装听不见。会后的时候，他主动走过来，送我回家。

第二天早上七点，我手机响了，竟然是他，蒙眬的眼睛霎时闪亮。“喂，你好。”电话那边的声音很有礼貌，那种温馨的礼貌，他说：“醒了没，看看网站。”我急速地打开电脑，天呀，想不到打折网这么配合，网站首页，我们的广告中间，真的有一条红线。如果说我人生幸福的时刻有十格的话，那么这一刻占了八格。

我们开始交往，QQ 聊，短信，电话，最经典的还是网店留言。

缘分，就是这样。有时怎么等也等不到，有时忽然就来了。我和他慢慢地确认了关系，慢慢牵手走在一起。十二月份，我们走进了教堂，我梦中的嫁衣，梦中的地毯，还有梦中的他，在婚礼曲中，我流泪了，不断地问自己，这是真的吗？这是真的，我拥抱着我的幸福。愿天下有缘人也终成美眷。

看完此篇软文之后，你为女主角等待来的爱情感叹、感动的同时，也深深记住了那家紫薇婚纱店。人都有好奇心，就会按照女主说的去网上搜索一下这家店，然后潜在客户就来了。情感型软文就是如此，用情感打潜在广告，在不动声色之中引人上钩。

新闻型软文

如今，软文的作用日益强大，成为产品和网站推广的主要途径之一。而新闻型软文，就是其中非常受欢迎的一种。它是具有商业广告性质的新闻，把广告写得像新闻，能够提高文章的权威性，从而给网站或产品带来访问和用户，具有非常大的潜在商业价值。因此，如何写新闻型软文也成为很多营销人员、文案策划人员或者写手的重中之重。想要写出一篇优秀的新闻型软文，需要做到以下几点：

一、了解新闻型软文的特点

1. 新闻型软文有完整的阐释功能。广告本身所具有的属性决定了它不可以采取说理或陈述的方式来表现，但是新闻完全可以弥补这一方面的不足，用理性、客观的文字把一家企业、一件产品说得明明白白，因此，新闻报道可以把企业要传达的目标信息传播得更准确、更详尽。

2. 新闻型软文有及时传播的特性。一个企业发生了具有对外宣传价值的重大事件，就必须在第一时间把信息传播出去，而新闻是最具有及时传播特性的，只有它才能启动新闻传播，实现为企业及时宣传的作用。

3. 新闻型软文具有高性价比优势。一般来说，同样版面的企业新闻传播，成本相较于专门打广告的费用要低很多，对于广告预算每年都是一大成本的企业来说是非常划算的，更重要的是新闻型软文广告效果丝毫不比单纯打广告效果差。

4. 新闻型软文有二次传播的特性。所谓二次传播，就是一个媒体首先发布出来之后，别的媒体纷纷转载，这样的事情我们经常看到，就好像我们平时看到喜欢的文章会随时转载一样，这样一传十、十传百，覆盖面自然越来远广，所积累的潜在客户群就越来越多。

5. 新闻型软文有危机公关职能。许多企业发生危机事件之后，第一时间就是启动新闻传播去解释，这是因为新闻具有权威性，能够起到危机公关的作用。

二、了解新闻型软文的网络宣传作用

1. 网络新闻型软文如果写得好的话，非常容易被其他网站转载，但是广告不会因为设计得好而被转载，所以新闻型软文的网络宣传作用之一就是它可以被二次传播，具有更强的宣传作用。

2. 当潜在客户运用百度等搜索引擎搜索企业的公司名或者产品的关键词时，就会在一个页面或几个页面上，连续看到发布在各大网站的相关新闻报道。客户看到有这么多网络媒体报道了该企业，便会产生信任感，从而加速成交。

3. 让客户有机会直接在门户网上的相关频道看到关于企业产品的新闻，产生直接的点击或者评论，带来直接客户。

三、了解新闻型软文的误区

1. 避免放在广告版。新闻型软文一定不能放在广告版，文章的周围最好全是正文，最好放在与企业所处行业有关的专刊、专版、专栏；不要刊登整版，那样也有广告嫌疑，会弱化其权威性和可信度。

2. 避免商业气息。新闻型软文一定要避免自卖自夸的写作口吻，尽量回避让消费者认为是广告宣传的一切名词、图片和形式，避免商业气息。如果不是特别需要，不要留下联系方式。你觉得有点可惜？是可惜，但是必须这样！软文不是广告，它要改变的是消费者的观念、认识，如果是营销方面的信息，完全可以在更具冲击力的广告中体现。

3. 避免反面报道。反面报道虽然也能引起广泛的关注，但是对于企业形象有损，所以最好还是进行正面报道。这一类报道最好放在正文版面，文章篇幅不要太大，内容主要是以媒体的视角来报道企业，虽然字里行间依然要含蓄或直白地夸赞企业，但是要讲究客观，不要吹嘘。这样具有正面意义的新闻型软文写得好的话，可以给企业树立良好的品牌形象。

【经典软文知识链接】

麦当劳总裁心脏病猝死引发恐慌

本报讯：近段时间，名人猝死于心脏病的事件屡屡发生：54 岁的爱立信中国总裁杨迈在健身房的跑步机上猝死，时隔不久，麦当劳公司董事长兼 CEO 吉姆·坎塔卢波同样因心脏病突发撒手人寰，享年 60 岁。

这两则消息引发了国内外人士对健康，尤其是对心脑血管健康的恐慌，使心脑血管病用药销量一路高涨。对于心脑血管病用药的选择，医学专家指出，选购时一定要慎重，无毒副作用、疗效全面的中成药是首选。

➢ 专家称防治心脑血管病需看整体疗效

就心脑血管病用药的问题，记者近日咨询了资深专家何教授，何教授介绍："心脑血管病非常复杂，众多患者除具有冠心病的胸闷、心悸等症状外，还兼有高血压、高血脂，严重时会突发心肌梗死、中风，所以选择心脑血管病用药首先要注意其全面性，而无毒副作用也同样重要。"

然而，据了解：现今大多传统中成药对心脑血管病整体疗效欠佳，只作用于其一？两种病症，例如单方银杏叶制剂主要起到改善血液循环、降血脂的作用；作为"小复方"的丹参类药只集中了丹参、三七、冰片三种中药，主要治疗范围只是冠心病。

何教授解答了这个的疑问，他介绍说，近日被纳入"全国医保"的中成药"银丹心脑通软胶囊"汇集了八味绿色中药，防治心脑血管病疗效全面。

➢ 创新大复方：绿色银丹，疗效全面

为此，记者采访了百灵制药的蔡厂长，他介绍说"银丹心脑通软胶囊"是首个心脑血管病用药新型大复方，并讲述了"银丹"漫长的研制过程：在研制初期，考虑到心脑血管病用药应安全、无毒副作用，适合患者长期服用，百灵放弃西药而选择了中成药。经过对数千种中草药的调研，百灵筛选出近几十年治疗心脑血管病最知名、最权威的八味绿色中草药——银杏叶、丹参、绞股蓝、灯盏细辛、三七、山楂、大蒜、天然冰片。

对于为什么要汇集这八味中药？蔡厂长解答说，科研人员发现这八味药交叉使用各有特点：例如银杏叶、丹参与三七的组合，能够扩张血管，促进血液循环，通经活络，消炎镇痛；将银杏叶、山楂与大蒜结合用药能起到很好的降脂、降糖、稳压效果；绞股蓝、灯盏细辛、三七联合使用能防治动脉硬化，修复受损的心、脑组织；灯盏细辛能提高血脑屏障通透性，配合突破血脑屏障极强的天然冰片，对防治中风具有奇效。考虑到八味绿色中草药能够取长补短，相辅相成，起到全面防治心脑血管病的效果，所以百灵人决定汇集八味中药，运用西医“联合用药”的理论以及高科技制备创新中药大复方，可以说“银丹”是中、西医的完美结合。

记者从蔡厂长口中得知，首先，“银丹”运用液态萃取技术高度提纯，使其药力更加高效；其次，高达每分钟3 000转的均匀乳化技术，使八味中药的有效成分均匀融合，保证了药效的均一；最后，百灵选用世界先进的软胶囊技术，完整地保存有效成分，使药效持久稳定。

➢ 权威验证：疗效显著，安全无副作用

据了解，“银丹”经中国人民解放军总医院、首都医科大学复兴医院等四家权威医院联合临床实践，证实其药效稳定、无毒副作用，其八味绿色中草药取长补短，相辅相成，对心脑血管病及其并发症疗效全面，除能够有效防治动脉粥样硬化、冠心病、中风外，还能降脂稳压，同时具有辅助降糖等功效，达到了“一药治多病、心脑同治”的效果。

据悉，百灵近日已开通了免费专家热线，广大市民可通过热线向坐班专家咨询心脑血管病及银丹的相关问题，热线为：×××××。

此篇就是一篇典型的新闻型软文，以新闻的方式报道银丹心脑通软胶囊这种药物，结合时下热点，又搭了名人的顺风车。

此类软文能够实现的最高境界就是“三赢”局面，即读者、媒体、企业三方共同获益。此篇软文就是如此。媒体借着热点得到阅读率；企业借着媒体宣传得到潜在客户群；客户通过此篇报道搜寻到对自己健康有调节作用的一种药物，达到了三方共赢的局面。

话题型软文

话题型软文就是先发起一个话题，这个话题要符合目前的潮流或者社会热点，引发浏览者的讨论，从而进行产品推广的一类软文。

要想写好话题型软文，首先要找好素材。话题素材要有创新，有突破，不能总是停留在老掉牙的话题上。像是扶老奶奶过马路、拾金不昧等话题已经写了很多年，读者再看到这种话题基本上已经绕道走了，所以寻找软文话题，要避开这些陈词滥调。

其次就是要抓住社会和网络热点的爆点。每一个地方或者时间段都会出现不同的热点，但是热点要选取一个角度才会出现爆点，引起别人的关注。一般而言，热点人物或事件、批评揭露性报道和社会现象背景分析等容易出现爆点。比方说当年凤姐堪称网络热点，而其相亲的事情更是热点中的热点，当所有人都在报道这个热点的时候，你也报道这个热点，点击率就不一定有那么高了。所以需要寻找一个突破性的话题，比方说，别人的标题是“凤姐相亲，批帅哥只配娶村姑”“凤姐相亲记”之类时，你可以写“我住凤姐对面，为你揭秘凤姐那些事儿”，那自然而然不一样了。别人说的是凤姐相亲这件事，你揭秘的是凤姐相亲背后的事，看倦了凤姐相亲的人，看到你的文章自然而然会有耳目一新的感觉，对你关注度自然就提高了。

此外，想要写好话题型软文，还可以抓住国内外重大事件，发起论坛讨论帖等，通过抛出一个话题，引起争论，推动传播，进行维护这样的步骤来引导人们对自己软文的关注，从而引导消费等。

【经典软文知识链接】

美女老总谢榆淋，比武招亲英雄会

榆淋心语：其实我并不像别人想的那么优秀，我也是柔弱女子，有时候也很需要人来保护，在我伤心的时候，确实很想有个肩膀靠靠，有个他抱抱我，因为有时候真的很疲惫，我希望通过阿里，找到一个和我有共同的生活观，价值观，有共同语言的男人，我们互助互爱，相互理解和扶持，我并不希望他很有钱，也不希望他很有能力。这世上没有十全十美的人，我觉得只要两个人用心，不管自己还是家人，每个人都会快乐和幸福，就算和他平时吵吵架，顶顶嘴也很正常，爱很简单，我也很平凡，只是想过平凡的生活，有时候常常看到一些女孩子，不管长得美丑，胖瘦，他们的身边都会有个宠她的人与她手拉手，看到她们的笑容，我羡慕，我嫉妒，所以，我是一个很简单很普通的人，并不像外表那般倔强，其实我倔强的外表下面是一个柔弱的心，很脆弱，和所有普通女性一样，我就是一个普通人。

18 岁的谢榆淋出来闯荡江湖，曾经做过工厂普工、资料员、主管、经理，到企业副总经理，再到拥有自己的亿领服饰公司，不管是打工还是创业，她走的每一步都坚实而又稳重，这也为她的事业发展打下了良好的基础。

谢榆淋告诉我，她从小就喜欢模特，喜欢职场丽人那种端庄，高贵，典雅的言行举止，那种外在的美与内在散发出的气质美，足以让人倾心和难以忘怀！她还说：让女性展现得更完美，是她最开心和欣慰的事！让女性不管走到哪里都成为一个焦点，是她最骄傲和满足的事！

谢榆淋是位眼光独特和对事业执着的女性，当她注册“亿领”服饰的时候，很多朋友建议她打法国品牌或香港品牌，而谢榆淋却坚持她的原则，她说：我只打中国的品牌！

她说：我相信，真正的品牌不一定是洋牌，而是真正的实力派！从设计，质量，服务等一系列都要与别人不一样！穿出来就成为焦点，穿出一种时尚，一种气质，一种端庄高贵，这就是服装的实力！最佳的品牌！在她眼里，创新，时尚，高贵，典雅是她的设计理念；她说，一套完美的服饰，可以征服全世界。

然而就是这么一位优秀的女士，却因为忙于事业，无暇顾及自己的终身大事，曾经她为了一个男人的一句爱的誓言而苦苦等待了6年，时过境迁，然而6年的等待最终换来的却是要她放弃自己的事业，在当今物欲横流的社会，也许十个女人有九个会认为嫁个好丈夫可以托付终身！而谢榆淋却觉得一切都在于自己的选择和把握。她说机遇与意外哪一个先到来，谁也不知道，谁也不知道明天会发生什么，唯有自己学会独立！能力独立，经济独立，才有人格魅力！也才能在意外的时候给自己坚强的理由！最后在选择事业还是富太太之间，谢榆淋毫不犹豫地选择了自己的事业。

“亿领”凝聚着谢榆淋小姐的全部心血！如今亿领服饰在她的打理下，一步步走入正轨，随着企业的逐步壮大，谢榆淋一边要打理自己的亿领服饰公司，一边还要管理某包装公司，显然有点力不从心，身心日渐疲惫。

此时的她，急需一位有事业心的男士来帮她分担打理自己的亿领公司，而且，她也不否认，如果合适的话，可以考虑和对方以男女朋友的关系相处，当然如果时机成熟，自然可以修成正果。

你是她心目中的中那个“他”吗？你想抱得美人归吗？如果想，那还在等什么呢？赶紧在下面跟帖报名吧！

“比武招亲”大赛分为四个阶段：

➢ 报名

在自己的博客发表一篇自我介绍的文章，自我介绍包括：姓名（笔名），职业，性格爱好，爱情宣言并备本人相片一张，文章中你可以大胆地毫无顾忌地介绍展示你的企业，你的产品（文章示范可参考下面报名选手的文章）。产品信息将被跟放在此文章后面，跟随此次活动一起做推广，并且有机会推荐上博客首页，但自我介绍标题前必须加上“比武招亲第一季”，并把链接地址发在此贴下面。提醒各位女士，为了推广你的企业，你的产品，快快叫你的男同事报名参赛吧！你也可以先代替你的男同事报名参赛，凡报名参赛者均奖励财富值200点。

➢ 初赛

在你博客里发表一篇文章，谈谈你是如何看待事业与爱情的，你对未来有何设想？文章标题前请注明“比武招亲未来篇”，我们会选取3名优秀者，奖励财富值1 000点。

➢ 复赛

根据参赛选手的人数和实际情况，暂定10名选手参加复赛，考察选手的综合能力，复赛规则待定，本博主将免费为10名选手做企业推广宣传。

➢ 决赛

从复赛中选取3名，直接与谢榆淋小姐面对面做交流沟通，选出最后胜出的一名，负责协助谢榆淋打理亿领服饰企业。胜出名单将在此博文中公布，本博主将抽出时间用专题为他做跟踪报道，并奖励财富值10000点。

报名时间截止到7月28日。

以上这篇软文是2008年7月16日发布在阿里巴巴博客上的一篇典型的话题型软文。美女老板，很多人会有兴趣，看看有多美；谢榆淋是谁，人们会好奇；比武招亲更是噱头，吸引人们的注意，想要知道谁能抱得美女老板归，于是话题就有了。等看全文的时候便会发现，里面出现最多的词是“亿领服饰”，于是人们会对“亿领服饰”感到好奇，从而搜索一下，看看有没有自己喜欢的衣服等，这样，潜在的客户群就被挖掘出来了。如果单纯地宣传此服饰，效果远不如发起这个吸引大众参与、讨论的话题来得好。

盘点型软文

盘点型软文就是把一些消费者感兴趣的资讯罗列出来的一种文章，既体现了企业的专业度，又宣传了自己的产品。比方说初春靓丽搭配TOP10、2013年10大热卖款式、今年冬天明星喜欢穿什么等，都是盘点型软文。

盘点型软文看似是一种简单的罗列，但是真正写起来并不容易，容易陷入以下几个误区：

1. 主题不鲜明。因为盘点型软文要对一样东西进行盘点，所以非常容易出现主题不鲜明的问题，这样就不容易产生软文应该出现的新闻效应，不足以给读者留下印象。

2. 标题和首段不出彩。俗话说：文好一半头。意思就是文章要好，一半在于开头，由此可见开头的重要性。盘点型软文的开头最好几句就说完事件的过程，以简单明了的方式吸引读者，引导读者继续往下看。

3. 内容求全不求细。盘点型软文重点放在哪里，就重点讲透哪里，不要过于全面，这样就混淆了重点，致使整篇软文都没有一个亮点，读者读完之后发现对每一个方面都没什么感觉、没多大印象，那么这篇软文就失去了相应的意义。

4. 切忌内容空洞无物。有些人写软文，喜欢用一些华丽的辞藻进行堆砌，或者用一些不着边际的语言进行吹嘘，这样写成的软文会让人觉得言之无物，读者体会不到你要传达的产品功效和诚意，不仅不喜欢，还容易出现厌恶情绪。

所以，盘点型软文带给读者的一定是实用的资源和信息，而不能像故事、情感类型的软文，以打动读者为主。

【经典软文知识链接】

学习型打印机，谁领风骚？

在2009年的打印机市场上，“学习型打印机”是一颗无可争议的明星。在爱普生于2008年10月首次针对该细分市场推出两款“开山之作”ME30和ME300并取得消费者认同之后，惠普、佳能也分别在2009年下半年推出了相关的产品，更加催热了这一细分市场。

分析人士指出，从爱普生“通过学习机切入家用市场”取得的成绩来看，“专业化、细分化”的产品布局思路或许将引领商用喷墨打印机市场向纵深方向发展。

➢ 巨大的“蓝色蛋糕”

一般认为，2009年喷墨打印机在商用领域的拓展，正在改变着人们“商用用激光、家用用喷墨”的看法。事实上，“商用用激光”的看法确实正在发生改变，但“家用用喷墨”的说法却在2009年得到了强化。正是凭借喷墨打印机在彩色输出、节能环保、性能稳定等方面不断提升的比较优势以及不断改善的打印速度、使用成本，“学习型打印机”成功地开发了家用市场，使得各大主流厂商真正看到了在这一蓝海市场上淘金的前景。

据爱普生喷墨暨影像事业部部门副经理程德泳介绍，在欧美等发达国家，拥有PC的家庭与同时拥有PC和打印机的家庭的比例大致为10:3至10:4，而目前中国的这一比例大致在10:1。也就是说，随着中国家庭拥有PC的比例的提高，必然会有更多的家庭考虑购买家用打印机。毫无疑问的是，在中国这样一个重视教育的国度，通过专为学生量身定制的"学习型打印机"切入家庭市场，无疑是一个很好的选择。中投顾问发布的相关统计数据显示，2008年我国城镇家庭电脑的渗透率为59.30台/百户，据此估算，城镇家庭用电脑的保有量约为1.24亿台，再加上"家电下乡""以旧换新"等国家政策对农村家庭电脑的保有量的快速拉升，中小企业用户对ME300等多功能一体机的购买，共同构成了一个数量庞大的潜在"家用"打印机消费市场，其潜力不容小觑。这恐怕也是几大巨头不断在此发力的重要原因之一。

➢ 爱普生学习型打印机的双子星ME30和ME300

目前，最先推出"学习型打印机"的爱普生，凭借对市场的精确定位，成了这一细分市场上的销售冠军，其中ME300更是凭借强大的综合竞争优势，占据着整个喷墨一体机市场2009年总冠军的宝座。IDC公布的2009年前三季度的销售数据显示，Epson ME300的单机销售量达到了惊人的155 852台，并且大幅领先于排名第二的惠普产品。惠普在2009年下半年推出的K109a与K209a两款产品，由于受推出时间较短、价格定位高等因素的影响，目前销量还很小；而佳能将原先两款定位于中小企业用户的产品MP198和IP1980延展到"学习机市场"，而目前的销量并不是很理想。但无论如何，我们都应该看到，正是在爱普生的引领、惠普等厂商不断的跟进和共同推动下，"学习型打印机"市场快速完成了市场导入工作，进入了快速增长的“成长期”。

➤ 专业路线 PK 营销导向

系统考察爱普生、佳能、惠普在2009年的表现，不难发现，三者虽然瞄准的是同一市场，推出的产品也都叫“学习型打印机”，但在具体的操作方式上却是各有侧重。这一方面反映了不同企业在同一细分市场上推出产品的思路，也给消费者选购一款真正适合自己的“学习型打印机”提供了线索。

最先发掘“中小学生”实际需求并推出“量身定制”产品 ME30 和 ME300 的爱普生，走的是偏重“用户综合使用体验”的技术化路线，强调通过更加适合学生实际需求的微压电技术 + 全色防水颜料墨的打印解决方案，更加人性化的软硬件细节设计，为广大中小学生用户提供从操作便捷、功能人性化到后期使用成本低廉的“专业型”学习型打印机。

“省钱、省心、更出色”这句话简单扼要地概括了 ME30 和 ME300 的核心特征。简单来说就是通过“购机价格低，墨盒、纸张等后期使用成本低”的成本策略帮用户“省钱”；通过“提供全新打印解决方案以实现产品性能稳定，提供 Web-To-Page、Easy Photo 等便捷实用的软件”帮助用户“省心”；通过为 ME30、ME300 标配 DURABrite 全色防水颜料墨，防水耐光、即使用记号笔涂画也不会被弄花，介质适应性极强、可以在普通纸上实现印刷级打印效果，帮助孩子表现得“更出色”。而为了与广大中小学生和家长保持良好的沟通，爱普生更是邀请积极乐观、独立向上的美女歌手阿兰担任形象代言人，同时也开展了与 101 网校合作等活动，以便让更多的消费者“体验”爱普生学习型打印机 ME30 和 ME300 的专业之处。

惠普在“学习型打印机”这一细分市场上的做法，保持了其一贯重视的“营销导向”。除了强调 K109a、K209a 与爱普生 ME30、ME300 近似的市场定位、后期使用成本低等优势外，惠普更加强调产品的时尚外观：

“用在笔记本上的膜内漾印技术被用在了打印机上”。这在专业人员眼中有点“避重就轻，搞噱头”的嫌疑，毕竟，对打印机这样的产品而言，性能、使用成本等指标才是硬道理；但从营销的角度来说，却不啻为一个很好的策略，毕竟多数消费者对理性的各类指标并不是那么了解。惠普高层在前不久表示，2010 年，他们将加大在县级市场上的营销力度，而这一整体策略将给惠普的“学习型打印机”推广带来怎样的影响，十分值得我们观察和期待。

掌握热发泡核心技术的佳能，也积极跟进这一市场，并展开了声势浩大的市场推广行动。与爱普生和惠普推出新产品的做法不同，佳能选择的是将腾彩 IP1980 和 MP198 两款低端产品由家用及中小企业市场延展进学生市场。在推广时，佳能更多地选择了通过广告投放、案例应用的手段，帮助消费者了解他们“学习型打印机”产品的优势。

面对“学习型打印机”这一片蓝海，爱普生、惠普、佳能三大厂商正在按照自己的逻辑，共同推动着这个细分市场的发展，作为先入者的爱普生已经建立了领先地位，后继者惠普和佳能也在努力追赶。对消费者而言，这无疑是一件好事，毕竟更多的选择使得他们有了更大的余地。究竟是选择哪款学习型打印机，要看的就是自己关注的侧重点了。

此篇是发布于网易上的一篇盘点型软文，对 2009 年市场上流行的“学习型打印机”进行了一次盘点，在开头就介绍了这是对于爱普生、惠普和佳能的同类产品进行的一次盘点，但是通读全文就会发现对于爱普生的着墨明显多于惠普与佳能，介绍也更加详细，溢美之词更多，自然，读者的选择倾向也会在一定程度上偏向爱普生了。

传记型软文

传记型软文是很多企业都在做的一种软文，它可以让消费者更加了解自己的品牌和企业文化等，从而加深消费者对企业的信任度，促进产品的销售。比如企业或者一家小店铺，都可以在论坛、社区、网站等地方发布文章，描写自己的创业之路，讲述自己怎样从艰难的历程中走过来的，从而引起读者的共鸣，塑造企业的良好印象。

【经典软文知识链接】

揭秘褚橙是怎样种成的：曾五六年在山上住窝棚

橘子、橙子、柚子当季的这个冬季，昔日的烟草大王褚时健种的“褚橙”成了北京、成都、厦门等地最红的水果：褚橙卖断货的消息不断，王石等企业家也纷纷关注并点评褚橙，甚至称之为“励志橙”。褚时健，这位中国烟草业昔日的风云人物，为何在75岁的高龄回到云南哀牢山种起了橙子，他十年的种橙生涯都经历了什么？褚橙成为今冬最红水果是因为它的口味？还是背后的一对八旬高龄老人不服输的精神……上周，本报记者来到了褚时健的橙园，和褚时健一起生活了三天，探寻褚橙背后的故事。

➤ 白天转果园，晚上向孙女传授种橙心得

11月云南的清晨有些寒意，哀牢山上的云雾忽近忽远，刚才还是眼前一片崇山峻岭，转过身去发现自己又在一片浓雾之中。

习惯早起的褚时健穿了一件短袖，外面套了一件毛线背心，早早就在厨房忙活起来了。因为嘎洒日照太强，褚时健被晒得黑黑的，不管晴天下雨，都习惯了戴一副墨镜。

这栋山顶的三层黄色小楼，既是褚时健果业公司的所在地，也是他们在山上的安身之所，小楼四周则是2 000多亩的果园，这是他75岁再度创业的心血。这个曾经的烟草大王倾其所有，把自己的命运同这些果树拴在了一起。

早饭是鸡汤面。面是挂面，鸡汤是老伴在农家乐请客剩下打包回来的。虽然曾经是中国最大的烟王，现在又是人们眼中的橙子大王，褚时健夫妇节俭惯了，就连饭桌上的鸡骨头都要打包回来给自家的小狗吃。

这两天孙女和侄女一家子回来，褚老夫妇特别高兴，带着大家回了果园。等着年轻人都起床了，便招呼大家吃早饭。褚时健话不多，因为糖尿病的缘故腿脚也不是特别好，但他给每个人盛面、浇汤，还反复叮嘱有辣子、盐巴、酸菜。

小黄楼的院子里，总是放着一筐新鲜的橙子。这几天橙子成熟，来访的客人也多了。若是熟人，褚时健便会陪着说会儿话，唠唠家常。若是生客，橙子自取，褚时健就去忙自己的事情。

小黄楼门口蹲着两只石狮子远眺前方，似乎在暗示着主人不同寻常的人生。门口对着一汪水潭，这里的水都是十几公里外的哀牢山山泉接过来的，以备云南干旱时果园不断水。小楼左手边有一棵大无花果树，枝繁叶茂，老伴马静芬称它为菩提树。树下养着三四只孔雀、几十对斑鸠，此外便是层层叠叠的橙树。

11月是橙子收获的季节，墨绿的果树上挂着斑斑点点的冰糖橙。这几天橙子卖得好，各地的供货有些紧张，果园这边只能加紧采摘。以前一天摘100多吨，现在要450吨左右。果园里不时听到沙沙的声响，这是工人背着果筐在摘果。

褚时健腿脚不太好，司机便开着车带他去果园转，找农户聊天，看看技术指标是否被严格地执行，几个区长和技术员排着队给他汇报工作进展。晚上，褚老还把孙女叫到身边，传授自己的种植心得。早晚有一天，这些果园都会交到第三辈年轻人手上。一天忙完躺下，已经深夜11点了。

➢ 借钱承包山头种冰糖橙，再创业是希望晚年过得好些

2001年，经历牢狱之灾的褚时健获准保外就医，虽然获得了有限自由，自己工作了十多年的红塔集团对他也算照顾，给他派了保健医生、生活秘书、司机，但褚时健是一个要强的人，不喜欢求人。这么多年来他一直是这个性格。

出狱后，不少人来找褚时健做生意，有让他去烟厂当顾问的，有让他去搞矿的，开价都是几十万，褚老衡量了许久都没答应。

“钱是继续创业的一个原因，谁都希望晚年的生活过得好一些。”褚时健说。机缘巧合，哀牢山旁嘎洒附近的一个农场经营不善，要顶出去，褚老便想试试。这个农场原来种甘蔗和橙子，但因为水源、管理没有跟上，效益一直不好。

启动资金又成了一个难题。褚时健在玉溪烟厂十几年，把一个快要破产的烟厂做成了全国烟厂的领头羊，创下了玉溪、红塔山、红梅等几个全国畅销的品牌。但因为当年分配体制的原因，褚时健在烟厂担任一把手这

么多年，前前后后领的工资总计不过60多万，这都不到后来继任者一年的薪酬。

“最后只能去借钱，因为老褚这个人有信誉，朋友没有一个不答应借钱的。我们说万一亏了可怎么办啊，但他们坚信，我们一定会认真干，一定会成功，他们了解老褚的为人。”老伴马静芬在回忆时这样说。为了果园，他们前前后后借了1 000多万。

2002年，他在云南省哀牢山上承包了两个相邻的山头——硬寨梁子和新寨梁子，建成了一个2 400亩的冰糖橙园。冰糖橙是他的老家华宁县的传统农作物。75岁再去创业，褚老的朋友们都唏嘘不已。

➢ 十年种橙并不轻松，曾五六年在山上住窝棚

褚老小时候抓过鱼、务过农，马静芬以前做过化工检验员，但要搞专业种植，两人都不知道如何下手。果苗从哪买，果树怎么栽，怎么施肥，所有这些都要从头学起。“因为不懂，吃了不少亏，走了弯路，有人给推荐淘汰了的果苗，我们也不知道，结果怎么都种不出像样的果子。”

和种菜、种粮不一样，冰糖橙从栽苗到挂果要5~6年时间。“弄错了不光损失钱，更重要的是损失了时间。”这对75岁种橙子的老褚来说尤为重要。“那些年刚搬到山上，住的是窝棚，晚上睡觉看得见天的那种，经常能遇到蛇、虫子什么的，要是没有他陪着，我真不敢住在山上。”马静芬回忆。

不过褚时健没用多久就对种植上道了。“我以前搞过烟草种植，我想这和农作物的种植是相通的，无非是光照、肥料、灌溉等。我晚上看专业书，白天和工人实践，遇到大问题就请教专家，靠学习。”不过，褚老自己也承认，现在成功了可以谈笑风生，当年却没有这么轻松。

前些年，果园开始陆续挂果，眼看着等了几年的橙子终于沉甸甸地挂在了枝头，不料收获在即，却遭遇横祸，果子不停地掉，一点办法也没

有，加起来有上百吨。技术员也弄不明白是怎么回事，褚时健寝食难安，夜里查资料，白天在地头商量对策。

➢ 褚橙曾因口味不佳只送不卖，为卖褚橙曾全国各地收集研究

后来橙子不掉了，但口味却不好，淡而无味，既不甜也不酸，褚老夫妇尝了愁坏了，组织技术人员研究了几天都找不到原因。晚上躺在床上，褚时健睡不着，半夜12点爬起来看书，经常弄到凌晨三四点。“不把问题解决了，没法向那些借钱的朋友交代啊!”褚时健回忆。最后得出结论，一定是肥料结构不对。

这种水准的果子褚时健也不敢大规模卖到市场上，怕砸了牌子，只能送给村民、学校之类。第二年，褚时健和技术人员改变了肥料配比方法，果不其然，口味一下就上来了。“好的冰糖橙，不是越甜越好，而是甜度和酸度维持在18∶1左右，这样的口感最适合中国人的习惯。”

现在，褚橙的销售由他们的外孙女夫妇负责，而在几年之前，成百上千吨的橙子都是马静芬在销售，其中的辛苦不是一两句能说清的。负责销售的马静芬去全国各地转，见到橙子就买，收集研究。“有时候口袋里没钱，就只能买一个，我也不怕人笑我。”

橙子终于种成了。现在，褚时健对自己的橙子事业很满意，他估计今年产量能有1万吨左右。借的1 000多万元债，在几年前就还清了。目前褚时健还在修建大型冷库，投资了四五千万，建成之后能储存5 000吨橙子。

对褚时健来说，人生似乎永远没有终点，“轻轻松松活个八九十岁。”褚时健背靠着沙发，抽着烟，依然无限豪迈。

➢ 妻子眼中的褚时健，乐天夫妻患难搭档

马静芬今年已经80岁了，比褚老小5岁，两人都是一头白发。她可能是这座山头上最欢乐的老人家了，有时候走路还哼着小曲。山上的工人都

敬着褚老，和马静芬倒是言语甚多，不时听见马静芬和他们逗乐子，笑声不断。

这两天，褚老在玉溪烟厂时带的大徒弟邱健康来看他们，临走时合影留念。马老太太挤到他们中间，还招呼摄影师：“照一下我嘛！照好了有橙子吃！”带着云南腔的普通话把大家都逗乐了。

马静芬觉得褚时健是一个呆呆的人，专于做事，却不擅人事。马静芬和褚时健风风雨雨几十年，中间经历了褚时健的起起落落，既有人前风光，也有人后落泪。

在褚时健被打成“右派”没有收入时，她也被工厂除名，靠打毛衣养家。后来褚时健在玉溪卷烟厂出事，马静芬被带到河南隔离审查，吃了不少苦，但她觉得这都没什么。她和褚时健都认一个理字，也从来不服老。

在果园，别人都要听褚时健的，唯独马静芬能说得动褚时健。褚时健不是一个把爱情挂在嘴边的人，为此马静芬有时还挺有意见，前几年两人金婚，小辈提议办一下，褚时健坚决不同意，老太太也没能如愿。

马静芬说她想把家里的事情写成一本书，不为了出版，而是想让后代知道，现在所有的一切都不是轻易得来的，让小辈都不能忘了。

➢ 朋友眼中的褚时健，个性决定了他的人生路

这两年，褚橙大量上市，褚时健又开始被大家提起，这个20世纪八九十年代的风云人物又以另一种姿态重新崛起。但褚老把这些看得很淡，他每天生活很规律，既不打牌也不看戏，唯一的乐趣是看新闻。

“他是一个特别的人，有独到之处。”褚时健几十年的朋友周树如此描述他。像他这样一个不喜欢溜须拍马，甚至不太会说话的人，怎么能够几次跌倒几次又顽强地爬起来。

“他对事情有自己的理解，非同一般的执着，认准的事情就埋头做，到了不管不顾的境地。”但几乎他身边所有的人都认同，褚时健的成功是

外人所不能复制的，他的个性决定了他的人生路。

褚时健念书并不多，在昆明念到高中便参加了边纵打游击。只要和褚时健工作过的人，都对他的琢磨劲感叹不已。“他不怕上手新事情，他是那种一通百通的人，打游击，管糖厂，做烟厂，种橙子，都做得来。”褚时健的司机张师傅习惯称褚时健为褚厂长，他给褚时健开了三十多年车，从小张也变成了老张。

除了琢磨，褚时健最擅长的是和工人、农民打成一片。

褚时健这样一个人，在“反右”“文革”等运动中却没有吃什么苦，这很少见。在褚时健看来，自己没被整还是因为给工人创造了福利。

➢ 褚时健眼中的烟厂生涯，“批条子”埋下折戟隐患

1978 年引导中国三十年快速发展的改革开放启动。1979 年，褚时健得到起用，使命是去拯救陷入困境的玉溪卷烟厂。可能他自己也没有意识到，他将会成为中国一代烟草大王，命运也将更为百转千折。

在褚时健任职的这十几年，玉溪卷烟厂成了一台印钞机，年税利从 0.97亿飙升到 206 亿，1998 年，玉溪名列中国税利第二（第一为大庆石油）。一时间，褚时健的风头无人能及。

但风光背后也暗流涌动。从褚时健手上批条子倒烟成了一门大生意，但这也为他日后在玉溪折戟埋下了隐患。有一阵子褚时健到北京都不敢见人，因为要烟的人太多了。他又不懂得人际关系，不胜其烦，只能躲着。

1995 年，褚时健被人举报贪污，随后妻子马静芬和女儿在河南遭到审查，其间女儿自杀，褚时健悲痛难当。1999 年 1 月 9 日，褚时健被判无期徒刑，服刑两年后，刑期减为 17 年。

狱中的褚时健苦闷至极，身体状况也急转直下。他的朋友周树去监狱看他，他的一句话到现在周树都记得很清楚，“你等我抽完这支烟再走嘛。”无限酸楚尽在烟雾之中。

2001年，因为严重的糖尿病，褚时健保外就医，从此隐没在哀牢山种橙子。对于过去的起起落落，褚时健夫妇看得很淡。“人不能活在过去，也不要整天怨天尤人，骂来骂去有什么用呢。”

➢ 记者手记，让“褚橙”点亮中国梦

褚时健是一个慢热的人。我和褚时健一共待了三天，前两天他和我说的话不超过10句，无非就是“上车”“走”“吃”，简单得不能再简单。直到第三天，褚时健才真正打开了话匣子，和我畅谈了一个下午。

他是一个埋头苦干型的人，但又极其聪明。这些年褚橙大卖，他也从来没有认为自己有何特别之处，并且还很有忧患意识。褚时健清醒地知道，褚橙之所以受追捧，一是水果品质不错，二是其中有他褚时健的故事在里面。但他的故事总有一天会过时，那时候褚橙应该怎么办，这是他正在着手解决的事情。用他的话说，不能等天旱了，你才想着修水库。

无论是自己在玉溪烟厂的荣耀还是折戟，褚时健都已经释怀。从打游击到“文革”，从办烟厂到种橙子，褚时健这一辈子时而是时代的受益者，时而又被大浪潮打入水底。但在他看来向前才是正道，做事才能立业。很多人感叹，一个人七十多岁还能创业，而在褚时健夫妇看来，这就如同每天要吃饭睡觉一样正常，瞻前顾后必定一事无成。

在富人移民、穷人抱怨的眼下，褚时健用十年时间实现了自己的财富梦想，也为这个社会贡献了一个金色的励志橙。这个戴着墨镜、上下车还要人扶的老人如此干劲十足，更显得那些整天抱怨社会不公、机会匮乏的人实则大都是思想的巨人、行动的侏儒。

中国梦在哪里？我不确定，但必定不在抱怨之中，不在等待之中。

以上是2012年北青网发布的一篇介绍褚橙及种橙人褚时健的文章，这就是一篇典型的传记型软文。

褚橙是云南特产冰糖脐橙的别称，是一种早就存在的水果，未遇到褚时健时，它就是一种普通的橙子，遇到褚时健之后，它被称为“励志橙”，销售疯狂以致脱销。这一切都要归功于软文营销的魅力。

当“揭秘褚橙是怎样种成的：曾五六年在山上住窝棚”的软文一出，讲述昔日烟草大王75岁高龄种褚橙，进行二次创业的艰辛与不屈，褚橙瞬间成为感动千万人的励志橙。此篇软文当中传递出的正面、积极的能量，让读者愿意买这样的褚橙，愿意汲取这样的正能量，褚橙也因此才能在短时间内疯狂售卖，更出现脱销的情况。传记型软文的效果由此可见一斑。

但是传记型软文也不好写，褚橙的软文之所以如此成功，还是依赖于褚时健本身有一定的知名度，加之文章出现之后，王石、徐小平等名人在微博转发，才能引起如此广泛的关注。所以，一般的传记型软文找不到如此大的爆点，则可以多在故事上下功夫。

恐吓型软文

恐吓型软文属于反情感式诉求，情感诉说美好，恐吓直击软肋。把握好度的话，恐吓型软文甚至能达到情感型软文无法企及的高度。一个简单的甚至称不上恐吓的例子，就可以看出当你试图说服一个人的时候，切到对方的痛处远比打情感牌要来得迅速。比方说在地铁站里可以看到这样的宣传语：真正的男人不需要海豹鞭。这是宣传保护海豹的一则公益语，如果用“爱护海豹，爱护自然”来说的话，老生常谈，根本没有几个人会在意，但是这样说就不一样了，切到痛处，他才会想着改变。这就是恐吓型软文的作用。

恐吓型软文主要通过一些触目惊心的事例或是事实报道等方式让读者认识到某些事物的重要性，并且在心理上对此产生一定的恐惧感，从而使其内心产生要马上改变的想法。所以，在写作的时候一定要注意以下几点：

1. 标题足够触目惊心。语言不够触目惊心就不叫恐吓型软文，要想说服这个人成为潜在客户，一定要抓住他的“痛处”。因为如果你的目标客户觉得你的产品或是服务可有可无的时候，你只能通过一些方法引起客户对你的产品或是服务足够的重视，并且让他认为离开你的产品或服务就活不下去了，恐吓型软文就是能够达到这种效果的一种做法。比如选取标题的时候，“警惕颈椎病”远不如“天哪，颈椎病居然能致命”，“清除你的血液垃圾，保持健康身体”远不如“洗血洗出一桶油”来得触目惊心。

2. 用数据说话。为了达到恐吓型软文预期的效果，除了标题足够触目惊心之外，还可以用数据说话。以软文营销为例，你想宣传你的软文服务，可以说××公司用了你的软文策略，销售量迅速上升了多少多少，让真实的数字给读者最直观的感受，引起他足够的重视，让他认为没有用你的产品是一种损失，就是恐吓型软文的精髓所在。

3. 掌握火候。这是恐吓型软文中最不好把握的一点，也是非常重要的一点。在引起潜在客户足够重视并且戳到其痛处的同时还不能够让他对你有所反感。这虽然很难，但是也不是做不到。

首先是把握话题，所要讲述的话题一定不能是读者反感的。其次是所给出的事例、数据要尽量真实，而且数据最好精确到小数点之后，这样比整数更具有说服力。最后要明白恐吓型软文主要在读者对你的服务或是产品还没有太多的认识或是不了解其重要性的情况下使用，才能出现应有的效果。而且使用恐吓型软文最主要的目的是提醒读者，而不是真的去恐吓读者，这一点一定要明白。

【经典软文知识链接】

天啊，骨质增生害死人！

病例：我的女儿1岁半了，由于我是一个人带孩子，每次出去都会带着她。一天，我们约了邻居一起去超市买东西，我把女儿放到购物车里，她开心地玩耍，我开心地购物。结完账，我们到休息处准备休息一下，我弯腰要把女儿抱出购物车，突然“啊”的一声，我没能直起腰来，幸好有邻居一把抓住我，使我没有摔倒，女儿一屁股又坐回到购物车里，吓得哇哇哭了起来。

第二天，我去了医院，经过检查，医生诊断我是腰椎间盘突出，问我：“你是做什么工作的?”我说：“就在家带孩子”，医生很惊奇：“那你的损伤怎么都达到了运动员的程度!”我无言以对。医生建议我做手术，费用大概在4万左右。这对于我来说是无法实现的，我没有工作，老公每个月也就3 000多元的收入，孩子还小，每个月的费用也很高，再者，据网上报道，手术不成功的案例很多，我不想刚刚30岁就瘫痪在床上。可是不治的话，就要忍受无尽的疼痛，而且会愈演愈烈。

回想半年前，我由于经常腰酸背痛，曾经去看过一次医生，那时诊断是骨质增生，我想这没什么，贴贴膏药就好了，果然贴了几次就不疼了，没想到短短半年就成了现在的样子，真后悔当初没有好好保养自己。

专家解析：上述患者是骨质增生没有及时治疗从而引起的腰椎间盘突出，对于此病的治疗一般有以下几种方式：

1. 药物封闭治疗是将局麻药物以注射的方式进行神经根封闭、椎管内封闭、骶管内封闭等，现在最常见的是骶管滴注法，将生理盐水和局麻药物、激素、神经营养药等按照不同比例通过骶管滴注入硬膜外，起到消除神经根水肿和炎症的作用，对于疼痛剧烈的急性期病人，止痛效果相当好。

2. 手术方法。对于保守治疗无效，腰椎滑脱的治疗方法症状反复发作者则常常需要手术治疗。

3. 保守治疗：可以起到对身体整体调节的作用，能加强腰部的稳定性，但它的弊端主要是治疗过程较繁杂、时间较长，一般要一个月左右，建议年龄较大者采用保守治疗的方法。

4. 无药理疗法，这是千年五洲科技公司独创的健康新疗法，以自身先天的免疫力为基础，强调激发本能的自愈力，对疾病进行最彻底的治疗和免疫。对自愈力的激发主要通过自身的本能修复和心灵的净化，对自身与心灵的综合治疗产生无穷无尽的自愈力杀灭病毒。详细治疗方法请咨询千年五洲科技公司的理疗专家。

此篇恐吓型软文通过一个真实病例，提醒读者如果出现骨质增生不及时治疗，容易导致腰椎间盘突出等更严重的症状出现，从而引出治疗方法，重点突出千年五洲科技公司的无药理疗法，一步一步对读者进行引导，真实而自然。

搞笑型软文

软文有各种各样的类型，但是搞笑型软文如果写得好，会是很受欢迎的一种。因为这类软文一般短小精悍，适合现代人长篇累牍的尽量不看，必须要看的挑重点看的阅读习惯，这主要是因为大家每天的工作学习都很累，并没有太多的精力去看一些学术性以及专业性特别强的文章。而搞笑型的文章则不一样，像那些笑话网站、幽默网站、动画漫画网站等每天的点击量都非常大。因此，如果能在写软文的时候将文字写得诙谐幽默一点，给忙碌、劳累的人送去一抹微笑，自然会受欢迎。

搞笑型软文当中具有代表性的是：贾君鹏你妈妈喊你回家吃饭。贾君鹏其实是一个网络虚拟人物，是 2009 年 7 月 16 日网友在百度贴吧魔兽世界吧发表的一个帖子，随后短短五六个小时内被 390 617 名网友浏览，引来超过 1.7 万条回复，被网友称为“网络奇迹”。这个帖子，不仅火了“贾君鹏你妈妈喊你回家吃饭”这句话，还火了魔兽世界，为其后所上线的产品做了很好的宣传，堪称一次网络的行为艺术，一种很成功的营销方式。

所以，将软文写成搞笑型，诙谐、幽默一些，让大家觉得亲切一些，绝对没错。

【经典软文知识链接】

杜蕾斯营销经典

➢ 鞋套哥——针对即时事件的迅速反应

2011 年 6 月，北京的一场大雨，让杜蕾斯官方微博着实火了一把。

正值北京傍晚临近下班时，大雨猛然间落下，微博上网友开始讨论如何回家。此时一个叫“地空捣蛋”的账号发出一条微博：北京今日暴雨，幸亏包里还有两只杜蕾斯。他在配图中，详细介绍了自己怎样把杜蕾斯作为鞋套。此微博一发出，便被网友疯狂转发，在 1 小时之内便被转发了 1 万多次。

事后，杜蕾斯微博外包团队的“首脑”、此次事件的“幕后主使”金鹏远在网上公布了创意过程：

2011 年 6 月 23 日 17：20，北京又一次瓢泼大雨倾盆而下。内容团队的同事说：“老金，我们想了好玩的东西，下来看一眼。”下楼，看到打开的两只杜蕾斯，以及脚上套着东西：“杜蕾斯套鞋防止被淋湿。”我联想起小时候出门用塑料袋套鞋，避孕套有弹性更适合，何况我们用的还是凸点的，增加了防滑功能。

拍摄完毕，简单修图，杜蕾斯的客户经理张会有些担心这样是否会对品牌造成影响。在社交网络上，我们团队的操作宗旨就是与热点结合、有趣胆大、快速反应、坚持原创。这个创意条条符合，没有原则性的问题，和 CEO 马向群简单沟通后，拍案决定可以做，但更换一种办法，先由杠子的私人账号“地空捣蛋”发出来，看看效果后再由杜蕾斯官方微博转发。

24：00，这条微博转发量已经超过5.8万次，牢牢占据了6月23日新浪微博转发排行第一名。3天内，最高转发超过了9万次。如果以传统媒体的传播效果来比较，这次没花费一分钱的事件传播可以与CCTV黄金时间点的3次30秒广告的效果媲美。一周后，《中国日报》英文版将此案例评为2010年最有代表性的社交网络营销案例之一。

➢ 有我没事——针对热点人物的借势

杜蕾斯利用热点进行创意营销时，非常注意捕捉名人微博，与之互动。4月12日晚上，喜欢晚睡的新浪草根名微博“作业本”发了一条恶搞微博：“今晚一点前睡觉的人，怀孕。”杜蕾斯发现此条微博后，留下评论：“有我！没事!!”随后包括“作业本”回复并转发的两条相关微博，共被转发7 000多次，当天杜蕾斯微博就增加了粉丝3 000人。

➢ 活动营销——寻找与其他品牌的契合点

杜蕾斯的活动营销分为线上和线下两部分，抓住两个要点：其一，与杜蕾斯品牌调性有契合点；其二，与粉丝进行互动。

杜蕾斯的营销，可谓将诙谐、搞笑发挥到了极致，而效果自然也是极好的。

对比型软文

对比型软文是通过对同类产品的对比，突出自己产品的独到之处，使消费者加深对产品的认识。此类软文的优点是可以让用户知道到底哪一个更好或者观点更正确。如360和百度大战的时候，很多网站发布了“360和百度大战，到底谁会赢?”“百度和360大战，到底谁的技术更牛?”等一系列对比型软文。这类软文受到用户关注的可能性很大，很有可能在短期内收到惊人的效果。但是有关广告条例规定，不能直接指出对方名字做对比，所以对比的时候宜采用泛比的方式。

此外，对比型软文还有另外一种形式，就是前后对比。它通过使用前和使用后的对比来彰显产品的效果，这种方式能将产品的效果具象化，消费者可以真实感知到产品的功效，这对消费者很有煽动力。一般医药保健品电视直销的时候经常采用这种模式，对于软文同样适用。前后对比型软文可以结合前后对比图片、病例、患者证言、数字举证等表现，对消费者形成更大的杀伤力。

【经典软文知识链接】

动态性能测试，7 款紧凑型车横评

➢ 后排中间位置舒适性

后排中间位置可能不常有乘客乘坐，但满载的情况也会遇到，所以它也是我们评定舒适性的部分，我们重点考量是否有中央头枕，因为这关系到发生追尾事故时的安全性，另一点是脚下空间是否充裕。

后排中间位置舒适性	3 分	2 分	1 分
满分 3 分	有头枕且脚下空间充裕	有头枕或脚下空间充裕	没头枕，脚下空间也不充裕

对比汽车	福克斯	速腾	科鲁兹	英朗 GT	思域	世嘉	标致 408
后排中间位置舒适性	有头枕，脚下空间较小	有头枕，脚下空间较小	无头枕，脚下空间表现一般	无头枕，脚下空间与科鲁兹基本相同	无头枕，脚下空间充裕，地板非常平坦	无头枕，脚下空间一般，处在平均水平	有头枕，脚下空间一般
评分（满分 3 分）	1.5	1.5	0	0	1.5	0	1.5

在这个环节中 7 款车没有十全十美的，其中福克斯、速腾和标致 408 有头枕，在发生追尾事故时能更好地保护乘客，而脚下空间思域表现最好，地板完全平坦而且纵向距离令人满意，双脚可以平放。

➢ 前排中央扶手对比

前排中央扶手在日常驾驶中能一定程度上缓解手臂的疲劳，我们主要考量 7 款车前排中央扶手对于手臂的承托性，承托长度对于舒适性起着重要作用。

前排中央扶手	3分	2分	1分
满分3分	具有前后移动功能	不能移动，但对手臂的支撑表现比较好	不能移动，对手臂的支撑也表现不足

前排中央扶手满分为3分，条件是无论是否能调节，只要能够支撑住半个手臂就可以得到满分。若只能提供部分手臂的支撑，则得1.5分；扶手基本没有支撑能力则不能得分。

对比汽车	福克斯	速腾	科鲁兹	英朗GT	思域	世嘉	标致408
前排中央扶手对比	前后不能移动，但本身的位置比较合适	不能移动，并且对手臂的支撑表现一般	扶手可以前后移动，可以适应更多驾驶者	前后可以移动	扶手可伸缩，伸缩前后都能托住一半手臂	虽然不能移动，但长短和位置都很合适	扶手在前后调整的同时还可以略微升高
评分（满分3分）	2	1	3	3	3	2	3

前排中央扶手的对比中，带有前后移动功能的扶手可以表现得更加理想，都能支撑住将近半个手臂，而福克斯和世嘉虽然不可移动，但整体表现还是让人比较满意的，所以我们也给了2分，至于速腾，不能移动，并且位置也比较尴尬，所以只能获得1分的基础分。

➢ 后排中央扶手对比

后排中央扶手主要为后排乘客提供舒适性，我们主要考量扶手的长短、位置高低以及质地软硬。

后排中央扶手	2分	1分	0分
满分2分	扶手高低、长短、软硬都理想	任何一项都不理想	扶手很不好

后排中央扶手的评分标准与前排的基本相同，不过由于后排的利用率可能不是很高，所以我们给后排扶手2分的满分值。

对比汽车	福克斯	速腾	科鲁兹	英朗GT	思域	世嘉	标致408
后排中央扶手对比	高低长短合适，质地柔软	高低长短合适，质地柔软	高低合适，长度偏短，软硬适中	高低长短合适，软硬适中	高低长短合适，质地非常柔软	高低长短合适，软硬适中	高低长短合适，质地柔软
评分（满分2分）	2	2	1	2	2	2	2

后排中央扶手思域表现最好，长度长，填充也非常柔软，是7款车中公认最舒服的；科鲁兹的后排扶手短小，支撑效果不理想但高度合理，因此得1分。其余车型的表现大致相同，都能满足后排乘客的使用。

➢ 车窗升降方式

车窗一键升降能提升操作便利性，比如通过高速收费站时，仅需一个动作就能完全将车窗降下，而不需要持续按触开关。7款车中有几个能得满分的呢？

车窗升降	2分	1分	0分
满分2分	四门车窗一键升降	主驾驶车窗一键升降	全车无一键升降的车窗

由于这个配置较小，所以我们将满分设定为2分，如果全车四门车窗均为一键升降，那么即可得到满分；如果仅有主驾驶车窗为一键升降，那么可得到1分；如果需要全程手动按住开关，不得分。

对比汽车	福克斯	速腾	科鲁兹	英朗 GT	思域	世嘉	标致 408
车窗升降	四门一键升降	四门一键升降	主驾驶车窗一键升降，其余车窗一键降	主驾驶车窗一键升降，其余车窗一键降	主驾驶车窗一键升降，其余车窗无任一键升降功能	四门一键升降	四门一键升降
评分（满分 2 分）	2	2	1	1	1	2	2

这个环节的得分还是比较理想的，大部分车型都能得到 2 分的满分，其中只有科鲁兹、英朗 GT 和思域得到 1 分。不过科鲁兹和英朗 GT 除了主驾驶车窗能一键升降以外，其余三个车窗都可一键下降，而思域则仅有主驾驶车窗可以一键升降，副驾驶以及后窗没有任何一键升降功能。

➢ 本篇对比分数小结

对比汽车	福克斯	速腾	科鲁兹	英朗 GT	思域	世嘉	标致 408
方向盘握感	2	2	2	2	4	2	2
前排舒适性	8	8	7	7	8	6	6
后排舒适性	7	8	6	6	8	7	6
后排中间位置舒适性	1.5	1.5	0	0	1.5	0	1.5
前排中央扶手	2	1	3	3	3	2	3
后排中央扶手	2	2	1	2	2	2	2
车窗升降方式	2	2	1	1	1	2	2
本篇总分	24.5	24.5	20	21	27.5	21	22.5

本篇对比主要针对舒适性，包括了座椅以及细节舒适性，在本环节中思域表现出了较为明显的优势，获得了几项满分，尤其是座椅感受给我们留下了深刻的印象，不管是填充舒适性还是包裹性都表现突出，另外后排

中间座椅脚下也很平坦，在舒适性对比的环节中思域表现最好。第二名就是福克斯，福克斯整体表现也不错，只是方向盘上有所失分，看上去很有型的设计实际握感一般。其余车型在本次的对比中也表现出了自身应有的素质，不过由于舒适性与主观感受关系太大了，所以我们还是建议消费者能够亲自感受。

➢ 静态部分总分

对比项目	福克斯三厢	速腾	科鲁兹	英朗 GT	思域	世嘉三厢	标致 408
材料/做工对比成绩	33	30	18	22	24	20	34
乘坐/储物对比成绩	23	27. 5	26. 5	25	22	21. 5	25
舒适性对比成绩	24. 5	24. 5	20	21	27. 5	21	22. 5
合计	80. 5	82	64. 5	68	73. 5	62. 5	81. 5

我们来总结一下所有成绩，经过 3 篇的打分对比，目前速腾占据排行榜第一位，在空间便利性方面表现得很不错，看来加长轴距后对更多的消费者还是有利的。福克斯和标致 408 以 1 分的差距紧随其后，由它们组成了第一梯队。而思域虽然在舒适性方面表现出了突出的优势，不过前几轮的较量中它并不是很理想，与第一集团拉开了差距。其余几款车的结果有些不尽如人意，即便如此，我们却发现它们的销量一直保持着不错的成绩，由此可见消费者买车有时还是很感性的。7 款紧凑型车横评的静态部分我们就到此结束了，接下来还会有与日常用车密切相关的动态部分，其中包含了加速、刹车和油耗，我想这一定是你颇为关心的重点环节。

此篇文章是发布于汽车之家上的一篇典型的对比型软文，内容丰富，对比详细，相当具有代表性。

公关型软文

公关型软文是通过软文达到公关目的的一种新型公关方式，它是中小企业推广产品和服务最经济的公关方法。

管理大师德鲁克曾经预言，未来的营销界将是以公关为导向的品牌传播时代。如今这个预言似乎正需要应验。公关型软文已经成为软文推广的灵魂，写好公关型软文需要注意以下几点：

一、基本编写步骤

1. 搭好框架。想要写好公关型软文，首先要搭好框架，确定全文分几步，然后一步一步写好框架，分别填入每部分需要的内容和材料，使之具有严密的逻辑性。在写的时候，所用资料的重点以消费者所需为主。

2. 套用合适的逻辑关系。最简单的逻辑关系分为三段：提出问题、分析问题和解决问题。写文章之前可以根据要论述的问题、选择的内容，套用合适的逻辑关系即可。

3. 讲究小窍门。文章的开头非常重要，最好是以生动形象的语言吸引读者的注意力，营造有现场感的新闻事件的感觉更好。

二、提高软文质量的小技巧

1. 公关型软文要注重与读者的心理互动，让读者感觉到亲切。

2. 取个醒目的、简单明了的标题，吸引读者的注意力。

3. 公关型软文要具备知识性，让读者能感受到这是一篇值得阅读的文章。

4. 兼具趣味性，帮助读者在紧张繁忙的生活中解解压。

5. 软文可以是情感交流的载体、知识的传播载体、幽默话语的载体。

总而言之，在内容上一定要能显示软文存在的价值。然后将其发布在论坛、博客、贴吧等平台上，在短时间内一步步吸引潜在客户，使客户达到集聚即可。

【经典软文知识链接】

糖友参观知蜂堂工厂，亲眼见证蜂胶品质

金秋十月，知蜂堂邀请了天津、济南、威海等十余个城市、近500位糖友代表参观北京生产工厂。这是知蜂堂组织的第16次全国糖友代表集中参观工厂的活动。此次参观活动受到全国近百万知蜂堂顾客的高度关注，在全国引发了“糖尿病人买蜂胶，要亲眼见证蜂胶品质”的热潮。

自2004年起，知蜂堂每年举办两次参观活动，邀请全国300余个城市的消费者代表参观工厂，了解和见证知蜂堂蜂胶生产的全过程。知蜂堂希望通过这种参观活动，将生产过程向消费者公开，让消费者食用起来更放心。八年以来，累计参观工厂的糖友代表超过一万人次，影响了几十万消费者，知蜂堂蜂胶的品质也得到了糖友们的肯定。

糖友代表来到知蜂堂位于北京中关村昌平科技园区的生产工厂，并在相关工作人员的带领下深入蜂胶生产一线，参观了储存库、选胶车间、包装车间、检验中心等，学习了如何识别真假蜂胶原料，了解了蜂胶提纯的重要意义，见证了高品质蜂胶的生产全过程。

一位来自湖南的糖友，一连用了三个“没想到”来形容此行的体会：没想到知蜂堂蜂胶的生产工艺这么严格，没想到知蜂堂蜂胶储备了这么多天然蜂胶原料，没想到知蜂堂真的让消费者走进车间近距离检验，而不是走马观花地讲解。

另一位知蜂堂蜂胶的忠实粉丝兴高采烈的表示：“天天吃蜂胶，但一直不知道蜂胶里面有这么多门道。在这里，看到知蜂堂这家企业一点架子都没有，参观讲解都很全面详细，果然是踏踏实实做蜂胶的，以后吃起来更放心了。”

参观工厂的糖友们表示，作为业内第一个打开工厂大门接受糖友检验的蜂胶品牌，知蜂堂用实际行动杜绝了虚假产品、塑造了诚信蜂胶品牌，是业内翘楚。他们身临其境，必定将亲眼所见、亲耳所闻的信息分享给每一位糖友，力求使全国消费者都享受到高品质的蜂胶产品。

据专家介绍，蜂胶对人体的健康大有裨益，优质蜂胶不仅可以补充身体多种营养元素，还能增强体质对抗疾病，全面改善糖尿病并发症。正是这些原因，很多不法商人和无良企业在丰厚利润的诱使下，生产了很多劣质仿冒蜂胶产品。近年来，蜂胶行业鱼目混珠，各种以次充好的产品扰乱了消费者的视线，蜂胶行业亟待整顿。

而知蜂堂多年致力于打造高品质蜂胶，使用科技的力量创造纯天然绿色产品，保障消费者的健康。作为业内领军品牌，知蜂堂身先士卒地开展参观工厂活动，促进了产品生产的透明化，全面接受消费者检验，得到了消费者的信赖。也在一定程度上，打击了虚假蜂胶，起到了净化蜂胶行业的作用。

正是这种精益求精的企业特性，使得知蜂堂在近期获得联合国千年金奖等奖项。未来，知蜂堂还会加大科研力量，生产出功能更全面、品质更优良的蜂胶产品，为全国人民的健康添一份力。

此篇是易升软文上发布的一篇关于知蜂堂的软文，以“糖友参观知蜂堂工厂 亲眼见证蜂胶品质”为题，是一篇很好的公关型软文，邀请消费者参观工厂，拉近了企业与消费者的关系，很有亲切感。

其他型软文

除了以上几个类型的软文之外，常见的软文还有：

一、八卦型软文

所谓八卦型软文，就是利用名人效应宣传自己的产品。比如名人做了一些我们平常想不到的事情被曝光了，就是八卦，以网络上非常著名的贾君鹏为例，它的原始帖子是“贾君鹏你妈妈喊你回家吃饭了”，利用他的八卦型软文就可以写：贾君鹏在淘宝上开店卖锅子了！这就是最典型的八卦型软文。

二、论坛型软文

论坛型软文是指发布在论坛上的软文，基本上等同于上面所讲的话题型软文，因为论坛上发表的软文大都是话题型的。

三、揭内幕型软文

人们大都对内幕、秘密存在好奇心，揭内幕软文迎合的就是这种好奇心。比如说软文以《××内幕》《××揭秘》为主要内容，会产生强大的点击率。

此种软文的写作方式多是在网上以“内幕”“秘密”为关键词搜索文章，多方参考或加工；开篇最好曲折，行文最好具有传奇色彩；“内幕”“秘密”有时来自于对档案、资料的搜集加工，有时来自于对于背景知识和情况的掌握。

四、傍品牌型软文

傍品牌型软文就是尽量把自己与行业巨头或做得比较好的品牌和产品作比较，为自己的产品造势。

五、逆向思维型软文

逆向思维型软文就是写一些品牌自身的缺点，然后把这个缺点演变成优点，任何事情都是相对而言的，可能这个品牌人家知道它有什么缺点，那也是有参照物的。如果利用逆向思维，将这个参照物在软文中进行合理的修饰，将缺点转化成优点，那么不失为一篇非常优秀的逆向思维型软文。

【经典软文知识链接】

知名整形医生披露行业内幕：四分之一手术是为补救失败

“为了美挨几刀算什么！”当下，整形成为很多爱美女性的时尚选择。有人甚至抱着“没有最美，只有更美”的心态，恨不得将自己全身上下都整一遍。有消息称，中国已经成为全球第三大整形国家。然而，记者调查发现，火爆的整形市场处处潜藏着危机。刀尖下寻美，若不小心，“步步精心”就变成“步步惊心”。

➢ 市场火爆伴随事故频发

近十年来，中国整形市场迅速成长，甚至被认为是继买房、买车、旅游之后的第四大消费热点。目前，中国整形市场实现产值 3 000 亿元左右，行业从业人员超过 2 000 万人，行业年发展速度平均呈 40% 以上的增长态势。

浙江大学医学院附属第一医院整形外科主任徐靖宏是杭州知名整形医生，他说，他现在每天几乎都要加班到晚上，手术预约已经排到了两三个月之后。“以前大家对整容整形很不屑，现在这已经成为一种时尚。”

记者在杭州另外一家民营整形医院采访时看到，来这里咨询的人络绎不绝。这家医院业务科室的工作人员说，他们一年整形手术的数量超过 1 万例，并以每年 30% 的速度递增。“现在是整形行业的春天。”该医院的工作人员吴文静说。

然而，与“美丽”伴随的是事故频发。中国消费者协会的一项统计称，中国整形业兴起的近 10 年中，平均每年因美容整形毁容毁形的投诉近两万起。2010 年，“超女”王贝在做面部整形手术过程中意外死亡的事件，引发了全民对整形行业规范问题的热议。

➢“韩国医生”可能是假的

“我做的手术当中，有 1/4 的人是第一次在别的地方整形失败了而找我来补救的。”徐靖宏说，多数失败的整形都是由非法医疗造成的。

徐靖宏说，最突出的问题是，美容院没有资质开展整形业务，但是部分美容院为了牟取暴利，非法为顾客注射肉毒素、玻尿酸、隆鼻、开双眼皮等，导致时有毁容事件发生。

记者调查发现，医疗美容执业医生应该具备三证——《医师资格证》《医师执业证》《医疗美容主诊医生执业资格证》，但一些不正规的整形医院或美容院存在大量无证上岗的情况。

业内人士还透露，目前整形行业混乱，一些国家从未批准或者被叫停的整形项目，如溶脂针、干细胞注射美容在市场上依旧流行。“网络上虚假信息太多了，很多广告吹得天花乱坠，而科学信息却不畅通，导致消费者根本无法辨别。”

此外，现在整形机构以各种噱头吸引爱美女性，如走在大街小巷，不少整形广告都号称自家的整形医生来自韩国，且是最顶尖的，为很多明星都操刀过。但事实上，业内人士表示，所谓的韩国一流的医生多数是假冒的，或者仅仅是韩国的“江湖医生”，“好的韩国医生在当地都忙不过来，哪有空跑中国来?”

暴利是当下很多整形和美容机构铤而走险的原因。“成本几百元的东西，常常卖到上万元，而且收费很乱。”一位业内人士说。

记者在调查中发现，同样的项目，民营医院的报价要比公立医院贵三五倍，甚至十倍以上。如当前流行的肉毒素瘦脸项目，公立医院的收费一般不超过2 000元，而在记者咨询的5家民营医院中，有4家报价超过万元，有一家甚至开口要两万元。“如果是我们院长做，另外得加两万元的专家费。”一家医院的工作人员说。

➢ 来整形的多数是“美女”

曾在公立医院整形科工作20多年的美容主任医师谭燕表示，美容整形要营造良好有序的市场发展氛围，首先需要医务人员加强自律，使用正规的产品并提高技术；其次，经营者要以诚信的市场营销引导消费者；更重要的是，卫生部门也应积极制定市场规范，设置技术门槛，加强监督和惩处力度。

专家们还呼吁，女性不要过分追求美容。“现在来整形的多数是美女。”在采访中一家整形医院的前台称，现在大家追求的是“没有最美，只有更美”。

“很多人只是在心理上有障碍，别人看已经很漂亮了，但她自己总是钻牛角尖，觉得还不够完美。”徐靖宏说，来找他咨询的人中有30%是不需要整形的，或者整形没有多少效果的，对这部分人，他总是想办法劝她们放弃投资外表，转去投资心灵。

以上是来自北京晨报的一篇关于揭露整形行业内幕的新闻，一经刊发就引起了数百家门户网站的转载，如果仔细分析的话，可以看出这是一篇典型的揭内幕型软文。

这篇软文当中提到了一次医院名称——浙江大学医学院附属第一医院，提到了四次整形外科主任徐靖宏，表面是补救整形失败，但是潜在的寓意则是宣传自己的医院，能补救得了其他医院的整形失败，自然会让读者产生这家医院整形技术更好的感觉。

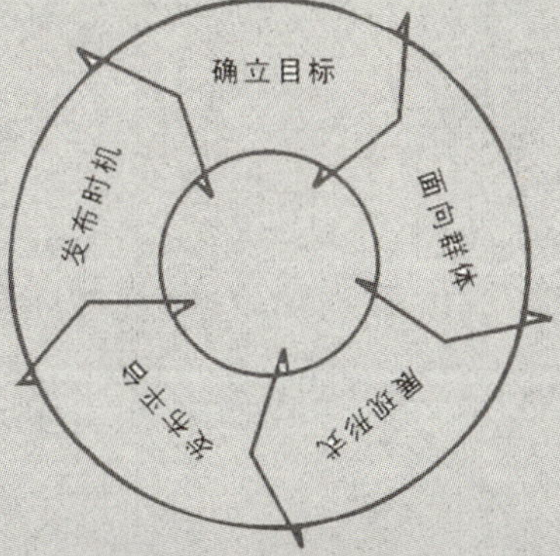

第五章

可以规避的软文营销风险

软文营销容易出现的六大误区

软文营销是网络营销的主要方式之一，尽管有博客营销、论坛营销、搜索引擎营销、微博营销、视频营销等新形式不断出现，但是软文营销始终是企业网络营销推广的核心，这些形式不过是换了发布渠道和软文的外在表现而已。鉴于此，很多人对软文营销的理解都容易走入以下这六大误区：

一、软文营销就是发软文

很多人误认为软文营销就是发软文，的确，软文营销需要发软文不假，但是软文营销所包含的内容远远比软文要丰富。软文营销是指通过特定的概念诉求、以摆事实讲道理的方式使消费者走进企业设定的“思维圈”，以强有力的针对性心理攻击迅速实现产品销售的文字模式和口头传播，发软文只是其中一种方式而已。如果将软文营销比作一顿丰富的晚餐，那么软文发布仅仅是其中的一道菜而已。

二、软文只讲数量，不讲质量

软文是一种低成本的营销方式，有的发布平台甚至是免费的，而且软文是一种后续推广，一经发布如果不出意外是始终存在，始终发挥其光和热的。正是因为软文终身有效，所以无法立即产生效用，于是有的企业就会尽量多发一些，甚至一天发上十几篇。这种只讲数量，不讲质量的做法不仅不会起到企业所想象的作用，反而容易因为疲劳轰炸，造成反效果。软文一天发上一两篇即可，最重要的是质量要高，如此才可以达到事半功倍的效果，以金山瑞星小狮子的一篇经典软文为例：丈夫出差在外，突然回家，在门口听到有男人打呼噜的声音。丈夫默默地走开，发了个短信给老婆："离婚吧！"然后扔掉手机卡，远走他乡。三年后他们在一个城市再次相遇，妻子问："为何不辞而别?"丈夫说了当时的情况，妻子转身离去，淡淡地说："那是瑞星的小狮子。"这篇软文只有一百多个字，却让人瞬间记住了瑞星小狮子，由此可见，质量比数量更重要。

三、盲目追求门户网站

一般情况下，门户网站的影响力大于行业网站和区域门户，因此，有些企业会盲目追求门户网站的营销宣传，而忽略了实际市场才能决定媒体方案这一本质，导致软文虽然发布了，但并没有达到预期效果这一现象出现。其实像是影楼等区域性比较强的行业，适合用区域门户来进行推广。即使想利用权重高的门户网站做推广，也要对文章的内容做一些限定，锁定目标用户人群，不可盲目，脱离实际的市场需求。

四、软文就是在"钓鱼"

很多人认为软文就是在"钓鱼"，布好局之后请君入瓮，其实不然。软文营销要做的是树立企业的品牌形象，打造忠诚的消费者和铁杆粉丝，引导客户购买商品不假，但是这只是其中一个方面，最主要的还是从消费者的需求出发，为消费者解决问题，消费者需要什么，企业就为他们提供什么，如此才是营销的长久之道。

五、发软文三天打鱼两天晒网

对于软文营销推广，有的企业会一天发好多篇，天天发；有的企业则是想起来才发，甚至一年才发个一两次。不能简单地说这两种方法哪种好，哪种不好，但是对于软文营销，最好还是持续性地适当发布为好。因为软文营销是在做口碑，虽然不能直接带来客户，但是对于提升企业形象，提高目标客户的成交率还是非常有帮助的。客户往往通过广告认识企业，但是决定购买的往往是软文的催化。只有将两者搭配好，才能稳定老客户，挖掘新客户。

六、成本压得过低，为了发而发

企业想做软文营销，但是想把成本压得足够低，这个想法可以理解，但是市场是容不得半点沙子的，一分价钱一分货，好的营销服务不会太便宜。因此，想做软文营销需要明确，软文不是发在什么网站都能起到作用，有的收录不了，媒体也没什么流量，发上去也是与世隔绝的，虽然便宜但是没有任何价值。

【经典软文知识链接】

掌握5点软文写作卖点避免误区

➢ 制造的卖点应当以产品本身为依托

产品卖点制造与宣传的最终目的是在买方市场中，让消费者认识自己的产品，产生好感，从而实现购买。所以，产品的炒作卖点的制造自然不能离开产品本身，在制造炒作卖点的前期，可以从产品的技术、功能、款式甚至包装方面去考虑如何使消费者认为该产品具有鲜明的特点，并且能够满足消费者的需求。也只有以产品作为基础，核心卖点才能更为靓丽，才能真正达到提升产品销售的目的。

➢ 制造的卖点应当是消费者的“买点”

面对白热化的市场竞争，企业在对产品炒作卖点的制造上，应充分考虑消费者对于核心概念和核心卖点的感受。毕竟市场的主动权掌握在消费者手中，只有消费者认可你的卖点，你才能够在市场中继续生存。同时，在对消费者所认可的卖点的选择中，也要考虑该卖点的目标顾客的覆盖面，因为只有战略性的选择，才会为企业后续产品的推出做好前期准备。

➢ 制造卖点应根据产品的周期有所侧重

对于产品炒作卖点的制造应当充分考虑产品的生命周期。因为产品处于不同的时期，对于产品炒作卖点的制造以及传达给消费者的信息亦是不同的。当整个行业市场还处于产品介绍期的时候，消费者对产品的核心利益不清晰，产品炒作卖点的制造应当围绕此产品的功能进行，明确地告诉消费者产品能给消费者带来的基本利益，从众多功能中提炼出最为重要的一点；当行业步入成长期之后，产品炒作卖点的制造应当突出自己的产品特点，以差异性在众多竞争者中建立起间隔；当行业进入了成熟期时，在产品炒作卖点的提炼上，一定要结合自己独有的优势资源，尽力做到所要表达的产品特性是竞争者所不具备的。

➢ 制造卖点应该能够升华为顾客关注焦点

事实上很少有企业是通过大规模地投放广告获得成功的，取得竞争优势和市场份额的方法还有很多。当今世界上最大的食品跨国集团——雀巢公司，在20世纪初还是一个无名的食品加工小企业，当时的欧洲，由于刚出生的婴儿缺少有营养的食品作为食物，很多婴儿往往因为营养不良而死亡，雀巢抓住这一消费者的注意焦点，建议消费者将雀巢麦片给婴儿食用。仅仅是这一个偶然的炒作，改变了雀巢的命运，据说当时有几个患了重病的婴儿吃了雀巢婴儿麦片后，奇迹般地康复了，结果雀巢的食品风靡欧洲，在很多竞争对手还没有完全搞清楚情况的时候，雀巢已经奠定了发展基础，成为食品业的老大了。

➢ 让员工变成消费者的关注焦点并制造卖点

现在我们的很多企业以为，传播就是通过媒体进行广告传播，恰恰忽略了企业内传播的影响力。自己的员工可能是自己产品最佳的宣传渠道和口碑传播者。比如有一家生产女性内衣的小企业，根本没有什么实力做品牌形象广告，他们就搞内部营销和传播，给44个女性职工一套不同类型的内衣，让她们在闲暇的时候，邀请自己的亲朋好友到家中一起来搞一场“内衣秀”。结果100多名女职工，带动了1 000多人的体验和购买，这1 000多人，又像滚雪球一般介绍更多朋友购买。他们成为产品的间接代言人，结果在短短三个月内，该企业的内衣销售量就上升了近一倍。很多经销商闻讯也纷纷到这家企业订货。可见自己的员工就是自己最好的消费者和口碑传播者，利用好他们不但能够让更多的消费者了解企业的特色和产品信息，更是互动式营销产生品牌效应最低成本的体现。

肯地亚地板在湖北武汉的销售一直名列前茅，在调研过程中发现，原来当地的经销商经营不拘一格，除了店面布置和终端物料经过精心设计外，他手下的员工更是令人刮目相看，一般建材行业的业务销售人员，大部分找一些下岗的女职工作为主力军拼杀在前线，这位经销商却招聘了艺术专业的大学生作为自己的销售人员。这些女孩子不但年轻漂亮，而且很有亲和力，关键是她们不是为了卖地板而卖地板，而是为客户提供一整套居家装修的方案，还帮助客户选择各类建材和家电，建议他们选择什么风格和颜色更配自己的房间。结果大受欢迎，成交率可以达到60%以上。

以上这篇文章是由喷香机原创，首发在A5站长网的一篇关于避免误区的文章，主张以软文写作卖点来规避误区，见解独到，值得学习。

软文营销操作上容易出现的风险

软文营销是生命力最强的一种广告形式，也是很有技巧性的广告形式，包括故事型、情感型、新闻型、话题型等多种多样的形式，复杂而多变，因此在操作上极易出现风险。

一、软文撰写质量不够高

撰写质量不够高这种风险，一般是对中小企业而言的。其实软文撰写质量不高是非常常见的，网上软文有千万篇，但是能让我们随口说出来的没有几篇，因此面对这种情况，多学、多练、多写，以此来提高撰写软文的能力才是最重要的。

杭州网站建设公司认为，软文撰写质量不够高对于网络媒体而言影响不会太大，毕竟它的费用非常低，而且发布在网络上的软文还可以设置关键词，即使软文写得不太好，但是关键词能在搜索引擎上占据一个位置。但是对于平面媒体而言，软文质量不高就应该引起足够的重视，因为平面媒体相对收费较高，千万别让你的企业开展软文营销却输在了软文撰写质量上。

如果想要防范软文撰写质量不够高这个问题，一是加强学习，了解软文营销的流程和评估方法，做到对内可以教育和引导员工团队，对外可以监督和考核外包团队。二就是可以聘请专业的软文营销团队，因为他们不像广告公司和公关公司那样业务范围比较广，他们只靠文字吃饭，软文撰写质量直接关系着他们的饭碗。

二、爆内幕时暴露商业秘密

商业秘密，是指不为公众所知悉、能为权利人带来经济利益，具有实用性并经权利人采取保密措施的设计资料、程序、产品配方、制作工艺、制作方法、管理诀窍、客户名单、货源情报、产销策略等技术信息和经营信息。

商业秘密分为技术信息和经营信息两大类。技术信息主要包括：技术设计、技术样品、质量控制、应用试验、工艺流程、工业配方、化学配方、制作工艺、制作方法、计算机程序等。经营信息主要包括：发展规划、竞争方案、管理诀窍、客户名单、货源、产销策略、财务状况、投融资计划、标书标底、谈判方案等。

由于软文的类型及撰写方法多种多样，所以如果没有界定清楚商业秘密的范畴，容易在编辑软文的时候不小心爆出商业秘密，而这对于企业会造成意想不到的损失。所以，一定要注意。

【经典软文知识链接】

写一手好软文的速成法

当无数个机会在我们自己的面前走过的时候，每天我们都会徘徊在选择与否的状态，对待明天和将来，我们都有自己的规划和愿望，想要什么，要做什么？这都是一个未知数！

最近朋友圈很多人在谈软文写作，在文章与软文之间，我们做了很多区别和抉择，而这对于自身想提高写作能力的人来说，是最基本的！互联网软文营销第一人老谢曾说：在目前的网络上，只要是成功的网商，或者成功的公司，他们的软文营销必然是很成功的，如果是一些不怎么成功的公司或者网商，那他们肯定不怎么做软文营销（或者说软性营销工作），或者压根不知道这回事。

是的，当媒体的广告和满是浮动窗口的网站越来越伤人心的时候，一手脍炙人口的话语，是唤起用户购物需求的关键，那么如何拓展我们自身的写作能力和写文章的方法，这是大家的关心的问题，今天我拿个人品牌营销专家朱卫坤的软文写作讲解来说一说文章写作：

➢ 写作从阅读开始

很多人在面对网络文章的时候，就非常头痛，什么SEO、微博营销、论坛推广等，看着浮躁的话语，不知所处，朱卫坤觉得，在做好自己的目标定位的时候就是看，看优质的精华文章，一本书，一篇帖子，一段文字，只要有价值，我们就去看，就去记忆！把好的东西留下来，一步一步形成自己的知识体系，在感悟和积累中学会写！

➢ 天下文章一大抄

文章写作都是在平时的积累和阅读中沉淀下的自己的思维，那么想要写好一篇自己思维的文章就是抄！对于抄很多人觉得文章应该是属于自己的生活的东西！但是，一篇文章有没有价值，有没有传播性，就要得益于你自己本身在知识体系里会不会抄！抄是一门艺术，是一门活学活用的技术，需要我们自己认真地去发散和拓展，一篇好文字，一个点评，就是所有问题的开始！

➢ 实践才是完美的思维火花

写多了，思维就懒惰了，情绪也就慢慢地变得不灵活，如何去扩展好自己本身的价值度和原创思维，我觉得应该是去认真地实践，去关注任何一个小的问题的出现，任何一种事物的发生，这样的生活是有价值的，这样的文章才是有内涵的！

每个人都有自己的差异，而在与坤哥的这段交流中，我觉得是非常有价值的，一个自由人，本身什么也不会，在我们学习和积淀的时候，就慢慢地学会了一些思维，在这些思维里面，我们缺少更多的就是总结！

说思维，说文章，说经历，其实都是一个体系，而在我们思维的碰撞中，杨秀江觉得写文章是写一个体系，正如今天的这段对话一样，我可以列一个提纲：

为什么要写软文？

朱卫坤分享软文写作方法：碰撞出来的软文新思路。

写文章是思维碰撞的一个过程，而在这个过程里，需要我们做的就是在写之前就有一个定势，很多人说写文章还要有提纲这不是限制了吗？

我们觉得写就是思维的过程，如何让思维更有体系，如何让文章更有感觉，就是文章最完美的开始！

任何事物的行为方式都有它自己的准则，而这个准则需要的就是自己本身的体系的不断修炼和坚持，没有一个人是轻易就成功起来的，成功都必须有一定的过程，所以在写文章之前，如何快速地完成，那就是思路！

一个人不断地写一个方向的文章，并且每天都有思路，那么这样的事情才是有效的，这样的过程才是完美的，软文写作能力快速提高的！

每一个人都有自己的开始，我不希望的是，你走得太慢！

所以在开始之前，请审时、度势、定论！

软文速成法，你愿意这样去做吗？

以上这篇来自落伍者的文章，在讲述写一手好软文的速成法的同时，本身就是一篇极具渲染力的软文，有理论，有实践，开头渲染，结尾号召，非常值得借鉴和学习。

软文营销投入上容易出现的风险

有些软文花资金投入之后，因为软文质量、发布渠道等问题，没有达到应有的效果，石沉大海。这时损失的不仅是资金，还延误了企业产品的宣传时机等。

【经典软文知识链接】

驼背怎么矫正？背背佳效果怎么样？淘宝商城的背背佳好吗？

下面以新浪博客中《驼背怎么矫正？背背佳效果怎么样？淘宝商城的背背佳好吗?》这篇软文为例，仔细分析一下如何规避软文营销投入上容易出现的风险。

2005 年 3 月中旬，博格达首席策划师接到北京橡果国际（背背佳营销中心）负责人的电话——要求其为 08 版新背背佳北京市场的报纸整版启动重新写稿。此前，08 版背背佳北京市场的二次启动，一直是国内老牌医药保健品策划团队“蜥蜴”在服务，为什么忽然之间要换人呢？

据橡果国际负责人介绍：蜥蜴在撰写第一轮08版背背佳北京启动整版的时候，曾经许诺说：“我们每一个整版打下去，你们至少能接到200个以上的咨询电话！”但是，自从2004年年末，“蜥蜴”制作的这一系列整版在包括北京、西安、深圳等地连续“砸”下去之后，反映竟然是“不痛不痒、寥寥无几”，在西安，背背佳公司专门召开了大型消费者恳谈会，许多到会家长明确表示：“广告说的内容离我们的实际太远，好像与我们家孩子没多大关系！”

仔细分析一下蜥蜴写的软文，首先标题并不吸引人。在一系列整版中，除了《警惕：孩子驼背四大害》的效果稍好之外，其余的例如《坏习惯毁掉孩子一生》等都是石沉大海，在消费者市场几乎没有激起什么浪花就烟消云散了。

为了避免光花钱，不出效果的局面，橡果国际负责人想到要换一家，试试能不能找到新思路，重新吸引众人的目光。面对充满诱惑和挑战的软文写作，博格达首席策划师欣然接受了这一任务。

接受任务后，博格达首席策划师将压力化为动力，与团队冷静分析后得出结论，之所以前面写的软文消费者反响不好，主要是因为卖点走偏了。

乍一看：“蜥蜴团队”的稿子挺专业的——完全满足“好版式 + 好标题 + 好文案”的成功广告“三段论”。版式扎眼，文字配图相得益彰，标题粗黑有力，内文也写得通俗易懂，可为什么打下去就是不卖货呢？

通过对背背佳营销中心《西安市场调查报告》的仔细、深入分析会发现：

1. 家长对孩子驼背可能引发的危害关注主要集中在：视力下滑，还有孩子性格、体形气质受损！

2. 没有几个家长真正会被“脊柱侧弯”“驼背损坏心肺功能”等过度

恐吓吓倒！家长都觉得：我的孩子只是有一点“驼”，我敲敲他的背、他也就直起来了，没你们说得那么“危言耸听”，别再“忽悠我”了！

3. 背背佳知名度高，在消费者心目中已经无可非议地形成“矫姿第一品牌”的潜意识概念——很难扭转，同时因为过去很多孩子买过，也穿过，但是都觉得太难受了——现在提起“背背佳”就有很强烈的抵触情绪，很多家长被打动了，但是孩子强烈反对，家长怕白花钱，买回去孩子不穿，因此只好作罢……

考虑到报纸媒体的特殊针对性（只针对家长、孩子很少有读报习惯）我们采用最有效的“目标心理模拟定位法”把自己假设成孩子家长，你最关心自己孩子的什么？答案很简单，无非集中在两个方向：

1. 前途——孩子能不能考上好学校、拿到好文凭，将来有一份好工作，拿到高工资，享受好的社会地位、好家庭、好妻子、好丈夫……（归纳起来，现阶段就是：视力、升学和就业）

2. 性格气质——孩子是不是形象好、开朗、有气质，会不会与人相处，办事的实际能力是不是强？将来在社会上，是不是吃得开？能不能受到重视……

好了，我们现在找到市场的切入点了——孩子的升学和就业，性格、形象气质——08 版新背背佳就是专门解决这些问题的“及时雨”。

但是现在我们面前还摆着另一个难题——万千家庭里，很多人过去用过老版的背背佳，孩子嫌难受，再说现在08 版价格又比老版背背佳贵，家长会问：你们凭什么涨价？现在的08 版背背佳比以前有什么改进？给我一个能接受的“涨价理由”。

这样一看，“蜥蜴”广告失败的原因就很明显了：

1. 诉求偏差——对发生率其实很低的疾病的过度恐吓，使消费者反而产生疑虑，觉得言过其实。

2. 促销理由不足——没有真正给08 版背背佳的终端涨价提供一个有

说服力、打动人心的理由！

3. 机理阐述过分晦涩难懂——没有真正与消费者达成感性的共鸣。

此后博格达首席策划师毅然把08版背背佳定位成一个——从小美体修形，优化气质，有力帮助孩子升学就业、性格开朗，保护视力的专业工具——对疾病的预防只是一笔带过，不过分加以放大！在涨价理由上："穿着舒适"彻底摆脱"捆绑挤压"，"保护孩子正常发育"成为新提出的利益点……

如何避免风险还得从软文营销的目的开始分析，通过分析运用软文营销的目的，结合实际需求来选择恰当的软文形式和投放渠道。在北京一试水，就起到了非同凡响的效果。

在新的思路指导下，首席策划师常远亲自撰写了两篇新的整版：

《别让孩子弯腰做人》（抓住父母心理，潜移默化灌输"美体"概念，强化对孩子升学就业的帮助……）《驼背的孩子，挺起来!》（直接告知及早美体修形，改善孩子视力、体形气质及帮助升学就业的内容），在升学就业方面，我们深入挖掘有好体形、身材的孩子，在报考军校、体育、公关礼仪、舞蹈、艺术类专业院校时占很大优先权！大公司、大企业在学历相等情况下，更愿意录用形象气质好的员工！

2005年3月26日（周五），北京《信报》打下第一版；3月31日（周四）北京《京华时报》打下第二版，终端咨询电话数量激增，终端的销售量明显高于启动初期，新思路下的广告整版成功了！

分析：事件营销，评论式，"原卖点——新卖点——效益"（逻辑三重奏），诉求产品的利益点和卖方的成功（从卖方的角度评论式表达）。

再次回首，大有心得！

通过这次08版背背佳北京市场二次启动的成功，反思近年来的市场消费心态，我们不难总结出以下特点：

1. 很现实——现在中国消费者还是更普遍注重眼前利益，你还是告诉我花这些钱我能得到什么好处吧！对于那些将来才能兑现，或者可能兑现可能不兑现的利益，几乎没人关心！

2. 感性理性参半——中年人，给自己买东西往往非常理性，但是拿孩子一说事儿，怕自己孩子吃亏的心态立即变成主导！尤其是母亲，是最感性的购买群体。

3. 恐吓要“现实化”——俗话说：“恐吓就像吹气球，吹得不够，难有效果，但是气球一旦吹破了，更是让人一眼看破你的居心，再想卖货就更难了，恐吓要恰到好处，贴近现实，与消费者目前最关心的事物相结合，才能得到事半功倍的效果。”

此篇软文，兼顾新闻式和评论式体裁，通过事件的“矛”和“盾”（冲突点的“发生——解决”），诠释产品的利益点，是非常典型的解读投入风险的软文。

软文营销道德上容易出现的风险

企业在追求自身效用最大化的过程中，往往会利用自身拥有信息的优势，在宣传营销当中隐藏自己产品的部分信息，欺骗消费者，从中获取利益，导致道德上容易出现风险。而软文营销更是如此，它的精髓就在于一个“软”字，如同绵里藏针，化敌于无形之中，当读者发现这是一篇软文的时候，早已掉入了广告主精心设计的“广告”情节中。软文所追求的这种润物细无声的传播效果，更容易隐藏产品的真实信息，夸大产品的功效，导致道德上的风险。

软文营销因为物美价廉，一向都是企业宣传的香饽饽，但是深度软文营销已经逐渐成为主流网络公关容易逾越道德底线的一种形式。过多过滥的软文危害了新闻公信力。它以虚假的第三方身份蒙骗读者，促使读者产生原本不会产生的消费需求，损害消费者利益。而以或多或少的欺骗的方式，进而使软文广告主比合法广告主获得更多的交易机会，构成了不正当竞争。软文广告所造成的是资源配置的错误，我国《广告法》也明确禁止这类广告行为。

由于道德风险问题的根源在于信息不对称，所以规避道德风险可以从这一根源出发。齐齐哈尔大学的张淑君说：信息不对称状态的存在是主观动机转变为客观行动的必要条件，垄断竞争加剧了这种不对称，从而进一步刺激了营销活动的不道德；另一方面，地方保护主义的存在，使得生产者、中间商在与消费者的交易过程中存在矛盾冲击的概率极小，而且即使发生，需要支付的成本也很少（相对于其收益）。由此，道德风险产生的范围将会不断扩大，直至泛滥成灾。从经济学的角度来看，市场营销不道德行为不仅严重地损害了广大消费者的利益，而且劣化了资源配置，降低了市场运行效率，对整个社会而言成本过大，收益极低，因而必须加以治理。

一、规避软文营销道德风险，企业方面要加强公开力度

一般而言，想要规避软文营销道德风险，最快捷的一种方式就是企业方面加强公开力度。除了对产品的成分、产地、日期等基本信息做详细披露之外，还要进一步公开价格信息，由生产者公布统一的零售价格等，这样才能从根源上避免企业方面通过软文营销欺骗消费者的情况出现。

这一点，天津一家制衣厂做得非常好。他们自制了一种“透明价格签”，标签上面标明了面料及辅料成本、用量、单位以及成衣的附加费、制造成本、工厂利税和零售价格等一系列相关信息，用透明的营销赢取消费者的信任，使消费者成为回头客并免费帮其做宣传。顾客多了，销售上去了，利润也就有了。所以，企业透明面对消费者，不弄虚作假，不误导群众，才是企业发展的长远之计。

二、规避软文营销道德风险，消费者要加强自我意识

除了企业努力之外，要想避免软文营销道德上的风险，还需要消费者自身的努力。因为消费者是市场营销活动中的直接对象，提高自我保护意识，做到理性购买，免受不良软文欺诈，让欺骗性软文没有市场，写了也是白写，自然而然就能减少这类软文的出现。

消费者还要提高维权意识，在自身消费权益受到损害时不要一味忍让，要拿起法律的武器保护自己，从客观上避免纵容不法生产者和经销商损害消费者权益的种种行为，使不道德者受到应有的惩罚。

三、规避软文营销道德风险，国家要加强法制建设

除了企业和消费者自己努力之外，国家作为最有权威的第三方也应加强相关的法制建设，维护市场秩序，做到保护企业不受消费者敲诈，保护消费者不受企业诈欺，让两者和谐共赢。

加强法制建设必须加强司法建设，做到“有法必依、违法必究、执法必严”。我国自80年代中期就颁布了一系列的法律法规来规范企业的营销行为，比较突出的有《商标法》《环境保护法》《反不正当竞争法》《消费者权益保护法》《广告法》《产品质量法》等。这些法律法规为约束企业的非道德营销行为提供了法律依据，在一定程度上抑制了非道德营销行为的发生。但是由于“有法不依、违法不究、执法不严”的现象非常普遍，造成对非道德营销行为打击不力，有许多造假行为依然存在，因此，国家依然要在加强法制建设上下功夫。

【经典软文知识链接】

潜藏式软文广告受追捧，网络公关也要有道德底线

软文，相对于“硬文”，其精髓之处就是“软”，如同绵里藏针，深藏不露，化敌于无形之中，当读者发现这是一篇软文的时候，早已陷入了广告主精心设计的“广告”情节中。软文追求的是一种润物细无声的传播效果。如果说硬广告是锋芒毕露的少林功夫，软文则是以柔克刚的太极，事实上，软硬兼施、内外兼修也是有力的营销手段之一。以上是笔者在百度百科上了解到的关于软文的定义。

➢ 水军冲击网络令人忧，潜藏式软文广告受追捧

腾讯与360之间的“3Q大战”已尘埃落定，然而“10万水军”所带给我们的震撼却仍然历历在目。腾讯炮轰360动用了大量“水军”，通过疯狂刷投票，在论坛和社区发布大量攻击帖，影响网络民意，使得网络上对360几乎出现了一边倒的局面。

当下泛滥的大众媒体硬性广告的宣传效果已大不如从前，网络水军公关异军突起，企业动辄雇佣数万水军的新闻不绝于耳，企业宣传费用也不断水涨船高，软文费用相对于硬性广告低廉，在不少企业预算不是很充分情况下，软文的投入产出相对价廉物美使软文营销成了不少企业的首选，从上世纪90年代中后期至今，软文在营销词典里就占据了一席之地，它以较低的成本为多个产品创造了市场奇迹，俨然成为一种重要的营销模式，广受企业主的热捧。而随着互联网的兴盛，未来软文的发展方向有走向“潜藏式广告”的迹象，即把软文的功夫运用到营销的每个环节，时下各种电影电视剧的软性植入营销将是未来发展的一个新趋势。

专业的互动营销服务机构德讯互动表示，时下随着消费者的鉴别能力不断增强，消费者对软文也不同程度地产生了免疫力，导致软文的功能在逐渐减弱，许多产品在重金投放广告后却是以惨淡收场。因此，有人说软

文营销时代已经结束。但有些产品依靠软文依然在创造着销售奇迹。而目前的公关软新闻普遍存在可读性与准确性不高等通病，软文的读者群被局限到“有购买需求的消费者”层次，使企业的最终传播目的大打折扣，再加上很多水军的言论多出于鼓动消费者购买的目的，在制作上通常夸大其词，弱化或避而不谈负面影响，也很容易引起消费者的逆反心理。

➢ 软文推广性价比高居不下，德讯互动称软文也要讲策略

不论腾讯与360孰是孰非，网络公关、网络营销的威力不容小觑已成公认。腾讯、360等“巨无霸”公司尚把网络视为角力的主战场，中小企业更不可忽视网络推广这一威力无限的核武器。

软文推广也要讲策略，软文的撰写及投放策略也该随机应变，在撰写时要考虑与推广策略、投放媒体、投放频率、投放方式等因素结合起来，选择不同的撰写方法与策略，如在主流平面媒体可以考虑用比较庄重、正式的方法撰写，非主流平面媒体以及新媒体可以考虑用比较轻松诙谐的笔法。若一篇软文光看标题就让人打不起精神，其软文推广效果就无从谈起了。因此还必须分析产品目标消费群的消费心理、生活情趣，增加其可读性、趣味性、知识性，切忌一厢情愿、自得其乐和不厌其烦的说教式，以及让人大伤脑筋的专业阐述。否则，就是制造广告垃圾，结果将会得不偿失，更甚者伤及企业自身。

德讯互动相关负责人表示，从20世纪90年代中后期到现在，软文在中国的营销词典里占有很重要的位置，因为它曾经以较低的成本为多个产品创造了市场奇迹，时过境迁，随着鉴别能力的增强，消费者对软文产生了一定的免疫力，但软文神话依然每天都在上演。某快消公司销售总监刘先生也认为软文宣传成本低见效快，性价比是所有市场推广方式中最好的，现在已经成为公司在新产品推广中一种不可或缺的推广方法。笔者在与德讯互动相关负责人沟通时了解到，众多知名的电子商务、科技数码、

家居建材、服装食品、汽车用品和保健用品企业把软文推广作为重要的营销方法，并取得了相当不俗的回报。

➢ 深度软文营销渐成主流，网络公关切勿逾越道德底线

当然过滥软文危害新闻公信力也是显而易见的，它以虚假的第三方身份蒙骗读者，促使读者产生原本不会产生的消费需求，损害消费者利益。而以或多或少的欺骗的方式，使软文广告主比合法广告主获得更多的交易机会，构成了不正当竞争。软文广告所造成的是资源配置的错误，我国《广告法》也明确禁止这类广告行为。

时下大批专业网络营销公司的迅速崛起，也使软文推广走向专业化、正规化、精准化，推动软文市场进一步向纵深方向发展。业界专家普遍认为，软文是一种潜力无限的营销手段，随着网络和泛娱乐经济的来临，未来软文的发展方向将向着“植入式广告”的方向发展，即把软文运用到营销的各个环节，走一条类似《杜拉拉升职记》和《唐山大地震》等诸多流行大片的软性营销之路。

然而，在现实中，虽然虚假软文广告对消费者的危害不在普通虚假广告之下，但却少见对之予以查处的案例。再加上时下媒体对网络水军的围剿式报道，更进一步恶化了软文的形象。软文市场如何走出目前的夸大宣传的泥沼，摆脱水军的阴影，值得每一位广告人深思。

以上是来自中国经济网对于目前软文行业道德的相关剖析，相当精辟，软文做得好虽然能够给企业带来利润，但是违背道德的东西永远不会走得长久。

软文营销法律上容易出现的风险

软文营销的终极目的是创造利润，既然与金钱挂钩，稍有不慎就容易出现法律上的风险。软文营销在法律上容易出现的风险有：

一、捏造夸大功效，侵犯消费者的合法权益

法律教育网上明明白白地将消费者合法权益进行了定位：消费者合法权益是指消费者依法享有的权利及该权利受到保护时给消费者带来的应得的利益。根据《中华人民共和国消费者权益保护法》规定，消费者有以下九项重要权利：选择权；公平交易权；安全权；知情权；索赔权；受尊重权；依法结社权；获得知识权；批评监督权。此外，我国目前已经形成了一系列由《中华人民共和国消费者权益保护法》及《产品质量法》《食品卫生法》《反不正当竞争法》《广告管理条例》《价格管理条例》等法律、法规组成的消费者权益保护法律体系。由此可见，我国对消费者权益的保

护是非常重视的，但是由于种种原因，消费者权益在实践中并没有得到很好的保护，消费者权益被侵犯的现状比较普遍，也比较严重。

金钱使人疯狂，有些企业为了盈利，假冒伪劣产品屡禁不绝，严重侵犯和威胁了消费者的人身安全，致使消费者对商品质量的投诉始终高居榜首。有些企业用虚假广告、包装、说明书等形式，故意隐藏产品的真实信息，对于功效等故意捏造夸大，引诱消费者上当，导致消费者对虚假广告的投诉也一直增长。电信、汽车、医疗、商品房等服务行业的价格缺乏透明度，严重侵犯了消费者的知情权、公平权，价格欺诈现象也时有发生。不平等条款难以遏制，继续侵害消费者合法权益等。这些现象严重了，最终导致的结果就是消费者将企业告上法庭，用法律武器维护自己的合法权益。而企业也终究会因为自己的贪婪付出应有的代价。所以为了避免这样的情况出现，企业应当尊重消费者的公平交易权、自由选择权和维护尊严权，企业真心对待消费者，消费者自然会以同样的态度回馈。企业应该明白，消费者于他，就是舟与水，消费者能载着企业的船一路前行，也能将企业这艘船弄翻。

二、不正当修改文章，造成侵权

软文作为个体的一种宣传方式，在法律上几乎不用承担责任，这就导致在软文营销当中，企业法律意识淡薄。但是企业要注意一点，软文工作稍有不慎，也有可能造成侵权。

1. 随意修改他人文章，造成侵权。不论稿件来自网络还是书籍、报纸，对于作者而言，它都已经是成品。《中华人民共和国著作权法》第33条明确规定：“报社、杂志社可以对作品作文字性修改、删节，对内容的修改，应当经作者许可。”简单来说，就是如果想对一篇文章进行修改，软文能够掌握的幅度仅仅局限于文字性的修饰、加工和润色，而要修改文章的主旨、定位等涉及文中内容的东西，则要经过作者同意，否则便是侵权。

但是在实践当中，很多软文写作者会根据自己的主观意识对他人的文章进行任意增删，导致发表出来的文章与作者所要表达的意思出入很大，与事实也出现差距，引发名誉纠纷。圣才学习网上《新闻传播与名誉侵权》一文中作者就举了因随意修改他人文章而导致侵权的一个例子：一位记者朋友发表于2000年6月2日成都的《商务早报》的一篇稿子，讲述了四川省仁寿县汪洋能源股份有限公司32名女士状告公司侵犯股东权的事件，在作者毫不知情的情况下，软文擅作主张将原文的标题“争股权32名女工上法庭”改为“争股权小股东状告董事长”，从而造成事件性质在读者眼中发生了根本性的变化。需知董事长只是公司的法定代理人，可以代表公司对外处理其职权范围内的事务。但董事长并不等同于公司，对公司提起诉讼和对董事长个人提起诉讼完全是两回事。软文大笔一挥，导致矛头直指董事长本人，而软文自作主张加上的小标题“股东毫不知情，公司已被卖掉”“花6 000元换来的工作仅补偿3 000元”“上访被强行制止，66名女工被迫放弃股权之争”等则仿佛成了该董事长的所作所为，致使该董事长受尽非议、指责，实际已侵犯了其名誉权。虽然事后该董事长只是到报社提出了侵权抗议，并未起诉媒体，软文却不可不因此而谨慎。

出现文中作者所说的这种事情，对于双方的名誉都是一种伤害。一般而言，想要避免这种情况，软文修改者在对软文进行修改的时候可以试着征求一下原作者的意见，如果无法联系到原作者，就自己进行实地调查、取材、构思一个新的软文架构，创造一篇属于自己的软文。

2. 图文配置失当，侵犯他人肖像权。软文营销当中为了增加软文的真实性和可读性，往往喜欢添加图片来加强生动感。但是图片与文字应该是紧密结合的，图片是对文字的补充，文字是对图片的解释，如果两者配置失当，则可能引来纠纷。

别人明明在为了保护动物做斗争，你用文字解说的时候说人家是在猎杀动物；明星明明做过某种产品的广告，图片却被配在了其他产品上面等现象，都会因为侵犯他人权益而引来纠纷。所以，未经别人许可，软文图片搭配一定要慎之又慎。

以九问律师网上《女子被“街拍”上网，未经允许就算侵权》为例，仔细研究一下侵犯他人肖像权的问题，以此来告诫自己，不要犯这样的错误。原文如下：

夏日，和男友一起逛街休闲，没想到，两人的身影，昨天竟出现在网站上。在律师的帮助下，一番交涉后，网站才撤下了这幅照片。网络上，“街拍美女”成风，律师提醒小心侵权。

➢ 突然成了“街拍美女”

昨天下午，浙江康派律师事务所的胡栋律师接到杨小姐的电话，杨小姐说，五一假日，她和男友在天一广场、鼓楼步行街等处闲逛，放松心情。昨天上午，突然接到几位朋友的电话，说她被人“街拍”了，照片出现在网上。她吃了一惊，个人信息出现在网上有时不是件好事，根据朋友的指点，她登录了这家杭州时尚拍拍网。在这家网站的街拍专区，她和男友人手一只冰激凌左顾右盼的憨态，成了“夏季风”专题“街拍美女”组图中的一幅。

➢ 删除照片还挺费事

“可能有人无所谓，但我不喜欢。”杨小姐说，现在盛行图片PS，万一哪个无聊的人把这张照片进行处理，把身边的人换一下再传到网上，那就乱套了。杨小姐说，她随后把情况告诉男友，并立即打电话联系了这个网站，要求他们立即撤下这张照片。“网管还不同意，说照片是网友发的，他们无权随便删除，而且说照片上的我挺漂亮的，秀一把也无所谓。”杨小姐说。

昨天下午，胡栋律师联系了这家网站，明确告诉他们，未经当事人允许，就随意发布别人的照片，是侵犯肖像权，再不删除，就要追究他们的责任。直到这时，网管才同意删除，并说，推出这个街拍专区，是为了方便摄影爱好者进行作品交流，也是为了展示美，并作商业用途，也没丑化被拍者。一开始没同意删除，是因为必须有时间证实照片确实是杨小姐本人，不能随便有人打个电话就删掉，那也是对发帖者的不尊重。

➢ 不经允许就拍有反感

记者在网络上发现，随着天气连续升温，网上各类“街拍美女”的帖子如雨后春笋，不仅在杭州、成都、重庆、西安这些“盛产”美女的城市盛行，我市不少网站上，网友也在上传“街拍美女”，引来大批网友点击。还有些网友专门组织活动，号召几个城市的街拍族拍下街头美女，发到网上互拼。

动一动手指的一次随意街拍，谁能想到就是侵犯了他人的肖像权呢？面对比这复杂千万倍的软文营销，天天跟文字、图片、媒体、视频等各种素材打交道，自然要更加小心，以免因为侵犯他人肖像权而惹上官司。

三、不正当挪用文章，侵犯著作权

中原网讯记者鲁燕曾经报道过这样一件事：

被网友称作“小紫”的曹晓丽是新浪网的签约情感写手。2008 年，她在新浪以“夏季紫罗兰”的网名开博以来，如今点击量已达到 4 500 多万。

曹晓丽说，她根据一位女网友的倾诉，写了一篇情感博文，没想到被变身为减肥广告软文发在了《知音》上，而且文中的 3 位主人公的名字都没有改。这个减肥广告软文发出后，曹晓丽不仅受到倾诉女网友的“谴责”，不知情的网友也对她“另眼相看”。

为了维护自己的名誉，她将《知音》和广告商及郑州一家书店告上法庭。据悉，这也是河南博客著作权第一案。

➢ 情感博文变身减肥广告软文

去年1月，巩义的曹晓丽根据湖南一位女网友的倾诉，在自己的博客里发表了一篇名为《惊叹老公的小三竟然如此纯净魅惑》的博文。

3月11日，正忙碌于工作的她，突然接到该网友的“投诉”电话：“你把我的事发到博客上也就算了，你怎么能把我的故事卖给了《知音》，还给知音做减肥广告?”

曹晓丽赶紧买来当期的《知音》杂志看个究竟。

果然，在2010年第10期上她看到了已被改了名的减肥软文《幸福坍塌，如仙的钢琴老师让我落荒而逃》。

仔细看完，曹晓丽很恼火：“这与我发的文章里面的故事情节、文章结构完全一致，包括文中3位主人公的名字都一样，无非就是在结尾多了一段情节。”

曹晓丽在与对方协商无果后，将《知音》和绿瘦公司告上法院，要求赔偿11万元，其中含1万元的精神损失费；必须停止侵犯她的著作权；判令三被告在《知音》杂志上书面道歉，在新浪网公开道歉一个月。

➢《知音》：文章是我们员工写的

昨天10点，该案开庭。

曹晓丽和她的两位代理律师如约出庭，而《知音》和绿瘦公司出庭的是共同的代理人王女士。

曹晓丽当庭提交了她和绿瘦公司法务部周平的通话录音记录。

录音中有这么一段：“我知道你的文章有你的版权，有你的知识产权，我们不经你的同意使用是不对的，也给你道歉，但是，你要的太多，我们没有……大家谈好了，以后有很多合作机会，我们每个月要很多的稿件。”

对此，王女士说，她就是绿瘦公司法务部人员，而法务部根本没有周平这个人。

“无论是《知音》还是绿瘦公司，我们从来都没有侵犯过她的权利。”王女士解释说，在《知音》杂志上第39页发的这篇文章，实际上是他们公司客服部工作人员在对客户回访时，了解到一起真实的瘦身案例写的文章，“是我公司享有著作权的文章”。

➢《知音》和广告公司曾给过“封口费”？

对此，曹晓丽给予了反驳，她提出她最初的成稿时间，并当庭展示了网页。

随后曹晓丽还拿出了当初《知音》和绿瘦公司给她支付的3 000元稿费汇款凭证以及曹晓丽又退回去的收据，反驳说：“你们给我付的3 000元稿费的事，怎么解释？”

“的确给她打过3 000元，但这3 000元就不是稿费。”王女士马上接过话题解释道，“她先后在网络上，还有媒体上发布了相关的不实信息，给我们带来了一定的负面影响，我们想息事宁人，付给了她3 000元。”

通过以上这篇报道不难看出，软文营销当中不当挪用文章，极有可能导致侵犯他人著作权，有时候赔款是小事，消费者的信任和自己的名誉受损才是大事。但是因为损害他人著作权，以后消费者看到你写的东西，自然而然就会想这是不是从哪儿抄的，时间久了自己写的东西也会逐渐失去读者，失去公信力。

除了以上三点以外，软文营销不当还有可能构成诽谤罪，侵犯商业信誉、商品声誉罪，编造并传播影响证券、期货交易虚假信息罪，敲诈勒索罪等，因此一定要加强自己的法律意识，以免惹上官司再后悔。

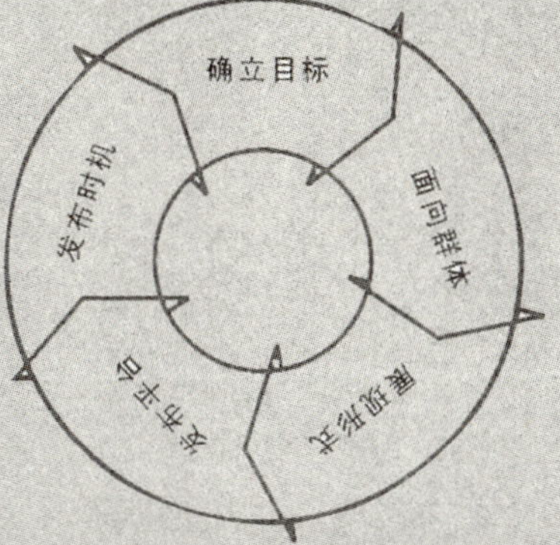

第六章
花样繁多的软文相关问题

软文撰写中经常遇到的问题答疑

中国文化博大精深，即使我们从小接触汉字，依然免不了为了写文章发愁。软文关乎着企业营销的成败，所以软文撰写中如果遇到问题一定要及时解决，保证软文质量。软文撰写中经常遇到的问题有：

一、没有灵感，找不到要写的话题

对于灵感这种完全琢磨不透，抓不住的东西，相信很多人在写不出文章的时候都曾深深为它抓狂过。其实遇到这样问题不用觉得自己文字功底差，没有好的词汇，因为就算文字功底再好，词汇量再丰富，软文写多了想要写出新意，都会觉得词穷。这时候要做的不是自卑、自责，而是寻找解决问题的方法。

没有灵感，找不到要写的话题的时候，可以顺着某一思路往下挖掘，从而找到灵感和话题。以建立一个与美容美发相关的网站为例。首先要弄明白我们为什么要创建一个这样的网站，它的受众人群有哪些，一般集中在什么年龄阶段，这个网站以后的发展方向是什么，盈利模式是什么，想清楚了这些前提，以后的路就能更加明晰。然后，我们要了解美容美发的定义，要了解这一行业的市场概况，要分析它的发展前景，要了解它的具体服务，要剖析它的优势和劣势等一系列与美容美发相关的详细信息。

没有调查就没有发言权，只有深入调查了之后，才能找到软文的思路和灵感，主题自然而然也就出现了。

二、软文发布后没有点击率

软文撰写完成后，将其发布在与之相关的平台上，可是过了几天却发现没有点击率，那就要从软文的写作和发布平台是否合适上找原因了。网络上的软文数量大到无法想象，没有人会关注一篇没有醒目标题的文章。因此软文撰写时应该从消费者的心理出发，思考他们想看什么内容，再配合自己的产品写出消费者需要的标题和内容即可。而发布平台也要找得精准，将明显带有区域特色的文章发布在权重高的全国网上，不太可行；将适合青少年看的文章发布在中老年保健的论坛上，也没有人看。所以两者要结合好，才能有爆点，才能出现点击率。

三、文章发布后出现反面评论

对于新手来说，出现反面评论是非常正常的，因为每个人的观点和想要获取的内容都不一样，所以软文也不可能让每个人都接受，这时候加强自己的心理建设，将反面评论当做促使自己进步的动力即可。多揣摩消费者的心思，多看一些成功的软文，多练习多写，总有一天会成功的。

【经典软文知识链接】

广告软文也好“色”——谈广告软文的实际执行策略与细节

从脑白金面世到风靡，“软文”犹如一股旋风席卷了整个中国营销界。软文造就了脑白金的神话！由此，软文便成为重要营销利器而被广泛关注。

笔者2003年在山东操盘一降压产品时，发布了同一文字、同一标题、同一报媒的两版广告软文稿，发布时间不同，刊登版面也不同，却造就了广告效果之大不同。第一版软文，刊登发布在医药保健品行业内认为的黄金发布期——星期四（医药保健品行内专业人士认为周二、周四是发布报纸广告的最佳时期）《济南时报》19版济南新闻综合版健康资讯专版；而第二版软文，发布在星期一（医药保健品行内认为周一一般企业上午开会，广告效果不好，是报纸广告的较差发布期）《济南时报》34版“星期一门诊”专刊门诊报告。健康资讯专版软文价格3.5元/字，加标题共花费2 740元；星期一门诊专刊软文价格2元/字，带标题共花费1 580元，专版价格比专刊价格高出将近一倍，何况版面也好——新闻版，版位也靠前——第19版，非常符合医药保健品的发布要求与规则；而另一个则是第34版周一发布，版位和发布时间都不好，按说专版广告效果要比专刊效果好才对，而实际效果却恰恰相反！专版软文共接到咨询电话20多个，而专刊软文共接到咨询电话200多个。为什么？有人说“软文标题效果占整体软文广告效果的80%”，而在这却是同一篇稿子，同一个标题，同一种媒体，效果却相差这么大，原因何在？

经过笔者切身实际操作研究发现：这是由于软文的执行策略与细节不同所致。爱美之心人皆有之，广告软文也是如此，因为广告软文也好“色”。

软文为何也好“色”？

纵观两版软文，一篇为黑白色，整版均为黑白，没有什么特色，造成“软文”不能凸显出来；而第二篇为套红色，整版为彩色，红色的大粗黑标题和红色的“降”字在整版中显得特别醒目、抢眼，有极强的视觉冲击力，广告软文好“色”也就不足为奇了。因为抓住了“色”彩，你就能“红”！以下是软文广告在市场实际操作中的执行策略与细节，现总结下来，仅供参考：

➢ 红标题比黑标题好

软文也需要设计与色彩的搭配。硬广告讲求图文并茂，而软文则以“软”见长，以“文”为主，尤其是突出大标题显得更为重要。靠标题先把读者吸过来，然后再引进去，引导读者看内文，标题起到承上启下的作用。

红色是吉祥的象征。第二篇软文大标题“治疗高血压可以不用药”，不但标题含义可以引起患者的兴趣，而且红色又可以与高血压联系在一起（高血压属于心脑血管疾病范畴，可以让人联想到血与血管），可谓一举两得。再加上在整个版面中非常醒目突出，比黑标题当然要好许多，何况又符合广告设计的视觉传播规则——彩色的比黑白的效果好。因此，带“色”的标题就是好，能带红“色”带红色，能带彩“色”带彩色。

➢ 标题宽的比窄的好

宽标题占的面积大，醒目，有冲击力，能增强软文的广告效果。软文要突出标题，标题效果占整体软文广告效果的80%以上。软文标题的宽度最好追求最大化策略，最好与整篇软文的最大宽度相当，最好在整版软文广告中其宽度没有被超过为最佳（硬广告除外，硬广告无法控制，它是根据广告主固定的大小来设计的，而软文广告的大小则掌握在编辑和设计手中，做好公关就能追求版面的最大化和最宽化），并且标题字距也要做到适量最大化（因为这样可以增加宽度，但不能失去整体美观，要与全版相协调）。第二篇软文比第一版好就好在大标题宽且长，而第一版就显得非常窄小，不醒目、不突出，效果当然不好。

➢ 有副标题的比无副标题的好

加上副标题，不但增加了版面空间，也能追求面积的最大化，更何况一般副标题是不收费的，既能省钱，又能增加整体效果，还能起到为主标题进行补充和解释的作用。如：第二篇软文，主标题“治疗高血压可以不用药”，为什么不用药？消费者心里就产生了怀疑与疑问，副标题“降压护腕让‘高血压’低头!”来做解释与跟进，引导读者向内文继续看，噢！原来如此，降压护腕是准字号医疗器械，外用产品当然不用药啦？打个电话咨询一下吧！因此，咨询电话就比第一版软文多了，有副标题的比无副标题的好。

➢ 有标志性图片的比没有的好

软文广告中带有标志或标志性图片，信息传播效果会更好，如：企业标志、品牌标志、企业吉祥物、产品包装等。如：软文中左下方有一个大大的红色的“降”字，在整个版面中显得非常醒目、非常抢眼，吸引力非常大，再配合上红色的大标题，就显得更加耀眼，让读者一眼就可以看出这是降血压、治疗高血压的产品。软文直接明了，这就成功了一半。

➢ 内文重点突出的比不突出的好

软文广告内文段落要分开、要明了，主次要分明。内文该突出的地方要突出（如：小标题等）。报刊信息量越来越大，但人的时间和记忆力是有限的，要在众多的信息中脱颖而出，软文文字必须简短、明了、醒目、突出，让读者一目了然！两者的不同，就在于前者内文重点字眼没有加粗突出，整体软文版面显得平淡无奇，而后者软文小标题突出了，所以，软文效果就好多了。

➢ 排版格式横的比竖的好

软文广告和硬广告不同，硬广告有固定的版面，不过只是做得大小不同而已；而软文广告则无规则，没有大小，只有字数的多少，来决定版面的大小。因此，软文的排版格式就显得格外重要，横排的要比竖排的效果好。因为，同样多的文字，横排显得感官面积比较大，标题还可以做到最大化，比较醒目，与人的眼睛相平衡，并且与一般人的阅读习惯相吻合，再则，比较宽松的文字，让人看起来不累！竖排则显得整体非常窄小，标题也不能放大，字体也细小不醒目，不能引起注意力，效果会受影响。

➢ 排版风格与整版相协调

整体排版风格要与报媒整版相协调、相统一，讲究排版的协调美，不协调，肯定不美，软文效果会受影响！因此，要研究投放报媒的版面排版风格和设计格式。软文整体排版要整洁，不要乱七八糟，该要框时就要框，根据报纸的排版风格来决定。软文排版更要贴近事实，贴近消费者，让读者感到亲切、温和，而不是陌生。因为，只有这样才能让读者仔细看下去，也只有这样才能起到软文不软的广告效果。

➢ 有定版设计的比没有的好

一般情况下，最好有专人专门来定版设计软文版面，这样才会起到软文广告的最佳效果。花同样的钱，做不一样的效果。因为，设计人员一不小心，不是掉字漏字，就是有错别字，直接影响了软文的实际广告效果，正如以上两版软文一样，效果相差甚远。再者，有专人定版的话，可以让编辑和设计将软文做到最大化、最美化和版面位置最佳化。版面的“左与右”和“单与双”也是大有学问的，根据人的读报习惯、特点和聚焦原理，一般单数版比双数版好；单数版放在左边比右边好，双数版放在右边比左边好。

➢ 颜色的差异化与唯一性

现在彩色报纸媒体越来越多，而且彩版也越来越多的趋势下，如何在彩版软文广告中脱颖而出，就显得特别重要，尤其是颜色的差异化与唯一性。如：第二篇软文，整个版中唯独这一篇软文大标题是红色，其他标题以绿色为主，这就好比万绿丛中一点红，显得特别醒目、抢眼，按营销理论来说，这就是差异化策略，由此创造了软文的差异化和独特性，只有这样才能令软文的广告效果达到最佳。

同一篇软文广告发布次数最好不要超过三次，因为软文广告效果从第二次开始就会变差。

➢ 附：报媒广告十大订版策略

一、时间：宜以周二至周五为佳，下午面市的晚报应回避周五。

二、版位：宜选择新闻版为主，辅以其他热点版，切忌纳入广告版，或与其他广告混排（即：要求没有其他广告）。

三、大标题：醒目、抢眼、有冲击力。

1. 字数以不超过9个字为宜；

2. 以黑体、粗圆、综艺等有冲击力的字体为主；

3. 字号在所在版中最大；

4. 以横排为主，一般不要竖排；

5. 关键字眼一定要跳出来。

四、小标题：补充大标题。

1. 以黑体字为主；

2. 与正文拉开行距；

3. 加网、加框或黑反白突出。

五、正文：字号、字距、行距宜与新闻部分相同。

六、引言：宜选择楷体字或黑体字。

七、行文重点：宜选择楷体字，或附加特殊标志标示。

八、电话地址：电话宜黑体加粗，地址可小。

九、分栏：一般宜划分三至四栏排文。

十、线框：广告周围的线框宜细不宜粗或部分加框，最好删掉线框。

以上是《现代营销·经营版》2007年第2期中作者张洪瑞对于软文营销中标题如何写、如何用的解释，不仅专业而且详细，对于写了标题却不如意的人而言，如同指路明灯一般，将一般标题撰写之后执行上的问题一一道来，为我们解开了标题达不到预计效果的困惑。

软文不同类型、不同发布平台的相关问题

软文因其内容的不同，投递也会涉及多方面平台。将合适的软文投放在合适的平台上，是非常讲究的。因为每一个不同的平台都有各自不同的特征和需要注意的地方。对于软文写作角度和同一篇文章的推广都会产生影响，具体问题需要具体分析。

一、发布在门户新闻上的软文

发布在门户新闻上的软文，即上文介绍过的新闻型软文，比发布在网站上的软文要难写很多。因为新闻素材很有限，而且软文质量要求也特别高。葫芦博主曾经说，遇到这样的问题，最好的解决之道就是变换文章的切入角度。新闻是软文一个很常见的展现形式，关键是要把握写作的角度和立场。对于新闻型软文来说，“新”是它的灵魂，因此一定要学习如何从不同的角度、立场去阐述同一条消息，并以这个消息为中心展开全文的

撰写工作。

此外，如果想要新闻型软文更加出彩，所用语言要相当大气，评述的语气要客观，软广告植入要巧妙，这样才能让人看不出蛛丝马迹，认为这就是一篇客观报道的新闻事件，摆脱广告嫌疑。

总之，发布在门户新闻上的软文是非常考验作者水平的，要打起十二分的精神来应对。

二、发布在论坛上的软文

葫芦博主认为，一般在 A5、CHINAZ 这两个网站上通过的文章，很容易被各大论坛转发。但是发布在论坛上的软文的围观对象和站点软文的围观对象有很大的差别。因此，可以专门针对软文写一些小短文吸引会员围观。论坛软文与新闻、站点等软文不同，发布在它上面的文章要尽可能做到“网络化”“趣味化”，语言生动，灵活亲切，最好再穿插一些网络热门词汇，切忌一板一眼打官腔。当然，对于一篇已经投递的文章，对标题首段尾段稍作修改再发布到论坛也会比较好，可以增加会员浏览文章具体内容的概率。

三、发布在独立博客上的软文

发布在独立博客上的软文，可以说是博主的标签，很多知名的独立博客博主都形成了自己独立的风格，文章本身就带着个人色彩，看得多了，就能分辨出这是哪位博主的文章，那是哪位博主的风格等，有种“见文如见人”的感觉。

独立博客不需要经过站点编辑的审核再发布，所以葫芦博主建议大家尽量多在独立博客里面融入自己的信息，从标题到正文，尽量多地植入可以代表你自身特点的标签，当访客进入你的站点浏览你的文章时，可以真切感受到你的文字风格。具体行文中，独立博客讲究真切和家常，将你自己的真情实感融入文章内部，切记不要让访客觉得你的内容空洞无味。

不管在哪种平台上展现，都是以营销为目的的软文，关注不同平台文章的不同侧重点，都是为了达到最好的营销推广效果。希望写软文的朋友们可以根据发布平台的不同需要和定位，针对性地进行文章撰写。

【经典软文知识链接】

软文发布的六大秘诀

软文发布已经成为企业和网站在软文推广中必不可少的工作。这也是效果甚佳的软文营销方式。但是很多推广者和推广新手对于软文发布有不够充分的认识，所以宣传效益始终不能达到最大化。其实软文发布是有很多的秘诀可循的。天高一阁总结出六大秘诀，大家在软文投稿过程中，只要遵循这六大秘诀，效果必然是事半功倍。

➤ 软文发布必须原创

软文发布为何必须原创？因为在目前的软文发布平台，参与的推广者实在是浩如烟海。分析一下，仅仅你的竞争对手里面，有多少家和你一样的在做着软文发布？当大家发布的软文都是差不多的内容，又能有多少人愿意去看？所以现在还保留着过去的软文发布习惯是不行了，随便抄袭一篇过来，或者随便伪原创一篇过来效果都很难达到。起码搜索引擎对这样的软文是不愿意收录的，而收录与否已经成为衡量软文发布效果的一个重要指标。

➤ 发布软文必须格式规范

软文发布并非原创就万事大吉。在原创的基础上，文章格式和规范都要遵循主流的文章规则。如果一篇文章语法错误百出，标点乱用，语句前后逻辑不通，这样的文章就算是原创，又有哪个编辑会喜欢？就算勉强花钱做公关发出来了，又有哪个网站愿意转载？所以，千万不要发布让大家看了就皱眉的软文，文章内容的低劣带来的效果只能适得其反。所谓“细节决定成败”，说的就是这个。

➢ 软文发布要入乡随俗

软文发布用的软文质量就算很高，也得考虑一下发布的网站栏目是否是合适的。如果是一篇体育资讯，那硬是发布到服饰频道肯定是不合适的。就算服饰频道的编辑没有被你惹恼，勉强给你发出来了，肯定也是很别扭的效果。因为每个频道都有各自定向阅读的读者群，关心服饰的读者是很难对你的体育资讯感兴趣的。而且就算他真的会感兴趣，他也会去体育频道，不至于待在服饰频道等候着看你的大作。所以软文发布要考虑定向投放，精准投放，这就是所谓的入乡随俗。

➢ 软文发布的投稿时刻

软文发布通常是在社会主流的上班时间投放。什么是主流上班时间？一般都是白天的上午时间和下午时间，肯定不会是夜幕降临之后了。所以有些夜间工作的推广者要注意，千万别以为那些门户和新闻源的编辑们都和你一样喜欢在夜里一边喝咖啡一边审稿。他们都是一大早打卡上班，然后下午打卡下班的。

因为编辑们在主流上班时间审稿发稿，所以软文发布在白天也就形成了高潮，而各家搜索引擎的蜘蛛们的采集工作，也相应的在这段时间最为活跃。所以这段时间的文章收录也是最快的，这也就是为何门户和新闻源夜间发稿的收录率比白天差很多的原因。

➢ 软文发布要切入时机

软文发布为何要切入时机？因为大家都喜欢新鲜事物和热点新闻，所以现在的推广都注意写热点新闻和最新报道。而写好之后，如果软文发布不注意时效性，不切入时机地发布，那就等于白费。当杜甫很忙变成杜甫不忙的时候，再发杜甫的软文还有几个人爱看？而现在当红的新闻热点，就要抓住机会赶紧写赶紧发，通宵达旦地加班也在所不惜。因为推广本身就是这样做的，看看记者们在第一事件现场争先恐后发稿的状况，不惜动用狠劲和蛮力。为的啥？就是为了抢头条。所以当你的投稿落后于其他家的时候，因为相同的新闻已经太多了，那你的软文就没理由再进首页了。进不了首页，还能有几个人点击？

➤ 软文发布要打持久战

软文发布的效果并不是靠发布一篇两篇软文就可以实现的，想靠少量软文就获得大量效果？那是妄想。如果真能这样，那天下的生意真是太容易做了，找个人代写代发两篇软文就一切 OK 了？不是这样的，实际上每一家成功的品牌背后都是长期坚持不懈的密集软文发布的过程。比如海尔，比如 Google……他们的成功都得益于多年前制定的软文发布持久战的战略。

要买菜就去菜市场，要买衣服去服装市场，你不会拿着鲜鱼去电脑市场卖，所以软文发布也必须找到相关行业的网站，这样发布的效果会比较好。比如，有网络营销、互联网方面的文章，你在发表平台的选择上，应该是一些站长比较集中的垂直资讯网站或者论坛，比如 A5、软文网站联盟、中国站长站、推一把、中国建站、落伍者、WEB 开发网、门户通、DONEWS 等。比如你是美食文章，你到这些地方去发表就不合适了。你就应该选择一些与美食相关的网站，这样才能起到好的作用。比如婚恋方面的软文，除了在地方门户网站上发表之外，你还可以去深圳婚庆网这类行业网站发表。

此篇文章发布于天高一阁软文营销网，该网站一直致力于软文营销，因此这篇文章颇有借鉴意义。

雇主与软文写手如何避免摩擦

以前企业发布信息多是通过营销公司或者自己企业内部的公关部，但是现在不一样了，如今互联网无处不在，企业可以在网上招聘写手，无论天南地北，只要有能力，两边达成协议，即可合作，省时间省力还省钱。

但是这样也容易出现问题。互联网上企业雇主与软文写手之间互不认识，对于彼此的性格、人品等一无所知，又没有合同的约束，所以合作容易出现问题。不是雇主不诚信，就是写手失信，不是雇主不支付稿酬，就是写手逾期仍未交稿，导致雇主与软文写手之间摩擦频发。

解决这一问题，对于促进软文营销的发展来说是非常有必要的。雇主与软文写手，在彼此的眼中都是客户，想要避免摩擦，就要找到适当的方法。

一、评估客户信用

这对于避免雇主与软文写手之间的摩擦来说是一种十分有效的方法。

虽然现在是一个物质时代，但是我们不能见钱眼开，而忽略客户的信用，这样早晚会出现问题。也许你运气好，碰上一个大单，赚的钱干一次顶一年；可是也会有运气不好的时候，辛辛苦苦写了软文却没有收到任何报酬，发现被骗了才悔之晚矣；或许会稍有不慎而惹上官司；或许会碰上不道德的人损害你的名誉；也或许你们非常投契成为朋友等。总之，每一个人都是一个独立的个体，都有独立的思想，人性更是复杂而多变，所以评估客户信用，势在必行。

评估客户信用，首先可以从了解他的详细信息开始：如电话、QQ 号码、邮箱、IP 地址等。其中电话要确定与其所在地是否相符；QQ 号码要看是不是常用的号，上面有无亲朋好友的留言、评论等。

其次，打电话联系对方，直接通过电话交流来判断对方的态度、性格、脾气等。如果脾气不好，合作就要谨慎。

再次，通过网络咨询来了解，看这个人是否曾经写过软文，评价如何等，如百度知道。

最后，试着先从小生意做起，以一两百块为单位，了解一下写手的实力，如果觉得还不错就增加合作量。

同样的，写手对于雇主也要进行考量，方法与上面所讲的大体相同。不同的是写手最好要求雇主留下公司全称，座机号码等，然后去网上检索有无这家公司，信用如何，再做评估。

当双方对于彼此都有了一定了解之后，即可考虑进一步的合作。

二、保持良好的心态

人与人相处会遇到各种各样的问题。在雇主与写手之间，可能会因为拖欠稿费、软文质量差等问题而产生摩擦，这个时候最好保持一个良好的心态，先让自己冷静下来，想想自己有没有做得不足的地方。如果就积极改正，如果是对方出错，那么就尽量协调，一旦协调不来吃了亏，就当是一次提升自己的机会，一次磨炼，以后注意一下就好。遇事各退一步，最重要的是彼此理解、谦让。

三、一定要持续沟通

沟通是人类了解彼此的方式，唯有沟通好了，才能了解彼此的内心，才能做好交易。作为写手，要随时了解雇主的想法，了解其想要的软文效果，了解雇主行业的基本情况、目标客户群、产品信息等，这些都是从跟雇主的沟通当中得来的。同样，作为雇主也要随时与写手沟通。了解写手有没有什么写作上的瓶颈，对于公司的企业文化、产品等有没有什么不了解的地方，只有不断地沟通，不断地了解彼此，才能写出更高质量的、适合企业宣传的软文。

四、确立行事原则

这一点主要是针对写手而言的。作为写手，一定要确立自己的行事原则并严格执行。虽然互联网很自由，但是自由也是在不触犯法律的条件之下的。因此，写手要确定：

1. 违法的产品或服务坚决不接。

2. 企业无相关资质证书、欺骗消费者的案子坚决不接。

3. 影响下一代的产品或服务坚决不接。

4. 破坏生态环境的产品或服务坚决不接，其中以虐待或屠杀动物而牟取暴利的，更要坚决抵制。

凡事预则立，不预则废，一定要制定相应的规矩，以后才能走得更轻松、自由。

【经典软文知识链接】

软文写手应该具备的专业素质

软文写手应该具备的专业素质，是其让软文能够在成千上万的软文中脱颖而出的基本要素，也是能够写出一篇好软文的潜在动力。

➢ 积极向上的人生态度

积极向上的人生态度是软文写手应该具备的基本素质，只有积极向上乐观，才能承受压力，并不断挑战自己，丰富自己的学识，自然而然提高自己的软文写作能力。

➢ 不怕苦不怕累的精神

想要写好软文，这是一种必备素质，因为在成千上万的软文中让自己的软文脱颖而出不是一件容易的事情，只有具有不怕苦不怕累的精神，不断学习各种知识，不断练习软文的写作，才能悟出软文的写作技巧，一步一步提高软文的质量。一如被称为“书圣”的王羲之，也不是随随便便就成功的，而是从四五岁开始练字，一直到五十九岁去世，五十多年“临池学书，池水尽黑”才成功的。

➢ 强烈的学习意识

一个好的软文写手，需要具有渊博的知识和综合的文化修养，无论面对什么样的软文，都应该旁征博引、文思泉涌，好的标题，鲜明的主题，构思巧妙的文章结构，凝炼的文笔，都是因为强烈的学习意识学习得来的。

➢ 扎实的文字功底

在以上三点基础上，我们要不断总结自己所学到的东西，并学以致用，每天多写几篇不同类型的软文，时间久了，自然而然就能拥有扎实的文字功底。文字功底好了，对于软文的驾驭能力自然就提升了，想要写出一篇好的软文也就不难了。

➢ 敏锐的新闻洞察力

软文与新闻息息相关，想要写好软文，敏锐的新闻洞察力是不可缺少的必备要素。只有将一件很小的事情凝聚成焦点，由焦点凝聚成爆点，由爆点转化为人人关注的新闻，这篇软文才是成功的。所以，在日常生活中，软文写手应注意观察各种细节，着重培养自己的新闻洞察力，时刻关注时事新闻热点，分析它们成为新闻的原因，才能成为一个能随时发现有利于企业新闻点的写手。

➢ 严密创新的思维逻辑

严密创新的思维逻辑不仅可以让写手写出一篇具有无懈可击的结构的软文，还能让其写出自己的风格。因为即使模仿再像，思维逻辑也是无法复制的，永远跟着别人的脚步走，是不会留下自己的痕迹的。所以，每一位软文写手都要培养自己的创新意识，培养严密的思维逻辑。不要墨守成规，要勇于突破；不要固步自封，要多样发展。

➢ 出色的公关能力

如果说以上内容都是硬件设施的话，那出色的公关能力就是与之相配合的软件设施，只有这两者同时发挥作用，才能将软文的功效发挥到极致。因为写出软文之后，如何将它展现在众人眼前，是决定这篇软文能否成功的关键。所以作为一个好的软文写手，要学着处理各种媒体关系，充分利用媒体网络资源。

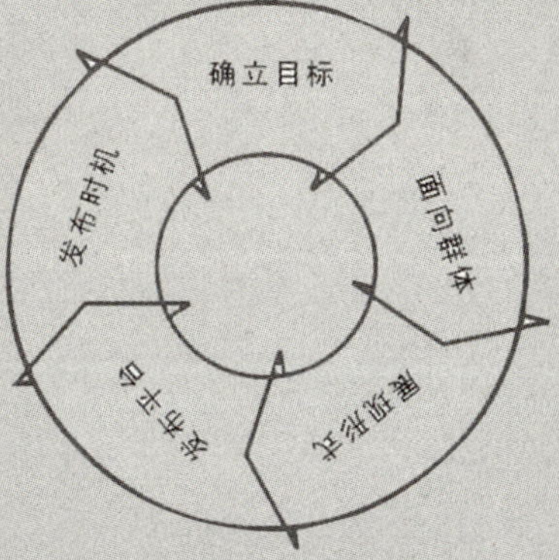

第七章

免费实用的软文投放招数

软文投放该如何去做

软文的投放关乎软文的成败。一篇好的软文如果投放在毫无人流的网站或者投放在非目标客户群的报纸杂志上，就如同在荒郊野外开了一家饭店，没有人会光顾，软文也是如此。那么，软文投放该如何去做？

一、选好主流媒体

就拿门户网站而言，综合型的不外乎新浪、网易、搜狐、腾讯；区域型的门户如上海热线、浙江在线、广州视窗；垂直型的门户网站有 39 健康、瑞丽网、金融界；纯粹新闻类的如新华网、人民网、光明网；如果是论坛类的则以天涯、猫扑等较为热闹。

之所以要选好主流媒体是因为：

主流媒体更具有权威性，文章更有说服力；

主流媒体从覆盖人数的角度来说大而广，即影响力大；

主流媒体尤其是网络上的主流媒体更易被搜索引擎抓取；

主流媒体往往会被其他媒体转载，被多次传播。

这里的其他媒体，现在同样也包括了我们草根的微博或其他网络形式的传播。

从现状来看，主流媒体当中，全国性报刊或电视（CCTV）的权威性依然要比网络媒体要强，覆盖面也广，影响力也大，当然费用也会更高。

二、把握主流媒体的特点

主流媒体按照其影响力的大小，可以分为三类：CCTV、新浪网、《财经》《21 世纪经济报道》等为第一类；《商界》《销售与市场》等为第二类；地方性大报，如广州日报，大河报、华商报、华西都市报等为第三类。全国的主流媒体加起来大约有三十几家，如果将文章发布在这三十几家主流媒体中的任意一家，其他报刊网站都会随之转载。

不过在这些主流媒体上发布软文也是有区别的。传统的软文前辈们指出：媒体不同，擅长报道的内容也不同。像是《中国经营报》擅长写人物；《财经》《南方周末》则擅长深度报道；《销售与市场》善于从实战案例的角度来报道等，各风格与内容不相同。

但是网络媒体与这些主流媒体不同，我们几乎很难掌握其特点、规律。就像新浪门户定位是新闻，结果什么都有；天涯或猫扑虽然也有明确的定位，但是越来越草根化、娱乐化。所以面对不同的媒体平台，我们要想将软文发布其上并受到关注，所要做的就是研究不同媒体的特点，然后迎合其特点发布软文。其次就是总结这些主流媒体什么版块最吃香，什么时间最活跃等，将软文发布在最热闹、最容易被呈现的时候。

三、一稿多投

一稿多投是指作者把自己的作品同时或者先后投给不同的出版社或其

他媒体发表（同时或者先后发表），即多次使用同一作品的行为，是著作权法赋予著作权人的合法权益。《中华人民共和国著作权法》第三十二条有规定：“著作权人向报社、期刊社投稿的，自稿件发出之日起十五日内未收到报社通知决定刊登的，或者自稿件发出之日起三十日内未收到期刊社通知决定刊登的，可以将同一作品向其他报社、期刊社投稿。双方另有约定的除外。”也就是说在规定之日内不得进行一稿多投，但是规定日之外并没有法律明文禁止一稿多投。

在当今网络时代，不准一稿多投被视为落后文化，势必影响信息传播。如今群发非常方便，发帖如同扫射，一篇文章可以在很多地方看到。不过这样做一般是在有需要的前提下，一般为了保障作者的权益，还是适度为好。

四、伪原创

伪原创就是把一篇文章进行再加工，使其让搜索引擎认为是一篇原创文章，从而提高网站权重。

我们都知道搜索引擎喜欢原创的东西，但是原创比较难，所以为了迎合搜索引擎的喜好，增加文章的收录，我们可以从博客、英文站、电子书、报纸、书籍、杂志、论坛等地方找原创文章，然后进行加工再造达到能为搜索引擎收录的程度，以此来提高网站权重，这就是撰写伪原创的目的。

写伪原创，有技巧可循。

1. 修改标题是关键。标题内容的意思要与原标题相同，含有关键词，但是不能复制，要有创新。具体方法有：

（1）词语替换法。以保持可读性为前提，将原标题中部分词语替换掉，如原标题为“备战高考作文：小技巧让你的文章‘亮’起来”，我们可以将其修改为“备战高考作文：让你的文章‘亮’起来有方法”。关键词的替换和位置的替换可以让搜索引擎觉得你这篇文章是原创的，与之前曾经收录过的文章是不一样的，从而也将你的文章收录其中。

（2）数字替换法。以“备战高考作文：五招让你的文章‘亮’起来”为原创标题，数字替换法就是将原创标题修改为“备战高考作文：六招让你的文章‘亮’起来”。只要有相应内容，这个数字是可以随意增减的，如果改成四招，就相应删掉原文中你认为不合适的一招即可。如果是六招，就相应自己再填补一招。

（3）添加新内容新观点。和上面的方法一样，在标题上增加一个数字，相应在内容上就增添一种方法。伪原创，适当多加内容不是坏事，它可以让文章更完整，观点更明确，主题更完善，大大提高文章的可读性。这种方法如果使用得好，伪原创甚至能比原创得到更高的评价。

（4）贴标签。在特定的关键字后增加友情注释。这样做可以增加用户体验，让用户可以了解更多并不熟悉的专业名词，从而更加理解文章的含义。不过这种方法使用的时候需要注意密度，使用过多容易造成页面信息杂乱，不仅不能提高用户体验，反而让用户觉得心烦。造成反效果。此外，如果贴太多标签，还会影响加载速度，导致原有的关键词无法完整显现。

（5）拆分法。这种方法是将原有的文章平均截成2 段、3 段甚至更多，完全改变原有的结构。这样做能降低相似度，提高用户浏览的速度、增加页面的点击量。但是这样做会导致文章无法连续浏览。

五、做好校园论坛投放

校园论坛投放相较于前面几种而言，最重要的不是人气，而是投放精准，用对账号。它的基本思路是用精准锁定论坛，用人气筛选论坛，用板块编写文章，用账号属性投放文章，最后再做好账号保养，这五个步骤环环相扣，做到这五步，就能做好校园论坛投放。

1. 选择论坛。选择论坛宜选择那些精准性高、人气旺、活跃性好、粘度强的论坛。因为相对来说，总用户数高，在线用户数低说明论坛建立时间较长或者曾经热过一段时间，现在已经逐渐降温；而总用户数低，在线用户数高则说明论坛黏度高，有开发潜力。纵览论坛所有版块，如果发现某版块中文章浏览量相较于其他版块而言较高，就说明该版块人气较旺。浏览文章回帖量，越高说明该版块的用户喜欢看该类型的内容或者容易与此种内容产生共鸣，那么以后的编写方向就向这类文章靠拢。

2. 选择版块。软文的投放最终是以版块为单位的。像是大学论坛的水区、校园区、新生区、考研区、就业区等都是比较活跃的，本身发帖和回帖都比较多；因此在这些板块里发布文章，文章的点击率会更大，效果会更好。此外，如果选择的是大学城类型的论坛，它的总人气高是因为学校多，学生多，但不代表每个学校的人气都是一样的。所以这时要擦亮眼睛，找到每个学校之间的人气差距，选择那些人气高的学校的版块发布文章，这样才能有点击率。

3. 编写软文。在这五点当中，编写软文算是其中最重要的一点，因为其他四点都是为了编写完成的软文服务的。在论坛投放软文，如果软文写得不好，容易出现软文被删，账号被封等问题，但是如果写得好的软文则不会，不仅会有大量的点击率，还有可能被管理员加精、推荐到更明显的位置，被更多的人看到。因此发布于学校论坛的软文，一定要符合学生的潮流，深刻了解学生的生活状态和心态，以此让学生产生共鸣。此外，文章的内容应该贴近学生生活，阐述、讨论各种出现在学生周围的观点和现象，如生活娱乐、宿舍生活、学习资料、时事热门、毕业就业、男女关系等，以此引起学生的广泛关注。这样深受学生喜欢的软文，才容易投放，容易赢得点击量。

4. 投放软文。投放软文就是投放在上边选出的黏度高、管理严、活跃性强的论坛，注意投放的时候不要乱投版块，要投在适合的地方，这样可以增加用户和管理员的好感度，降低删帖的概率。此外，管理员更喜欢原创文章，用户只要是好文章基本都喜欢，不在乎是否为原创，所以投放的时候也要视具体情况而定。

5. 保养账号。投放软文就有可能被删除或者被封号，特别是在管理较严格的论坛当中，新号更容易被封，所以最好在前期多注册几个账号。一般建议先注册4个，每个账号对于年龄、性别、性格等都进行一定的设定，赋予他们不同的色彩，这在学生论坛中尤为重要。先用其中2个轮流发文章，如果2篇文章前后矛盾或差距太大不适合同一个人发布出来，就要用另一个账号发，且两个账号之间可以互相回帖；另外2个备用，不发软文可以，但是要在论坛中发言，增加活跃度和粉丝数。如果一个账号被封了，就用另一个补上，同时不断注册新的账号，这样经过一段时间的保养，新账号变成了老账号，就不容易被删除文章或者封号了。

【经典软文知识链接】

软文发布不用愁，经典发布渠道汇总

我们费了九牛二虎之力写出来的软文，发布出去才能发挥威力，否则就算写得再好也是白搭！那么软文发布渠道都有哪些呢？

第一类软文，就是那种很直白、直接说事儿的“软新闻”，就是那些“某某企业干了什么特别牛的事儿、得了什么特别牛的奖、企业产品有多先进、企业品牌有多神”之类的新闻。

这类软文的发布渠道，一般是比较知名的报纸，朋友们可以通过QQ群、打电话的方式找到这些报纸的相关人员进行发布，当然这类渠道是收费的，不过如果是网上联系的，会很便宜。值得大家注意的是，发到知名报纸上的这些软文很可能被各大门户网站转载，因此会省去不少精力！当然，你要是觉得不过瘾，还可以通过QQ群认识各种门户网站的编辑，通

过他们发稿，会便宜不少，基本上100元钱就能发1篇。还要提醒大家的是，这类软文也不适合其他渠道发布，因为这类软文就相当于是赤裸裸的广告，发到其他地方没人会看。

第二类软文，就是那种暗藏“广告”信息的软文，也就是我们所谓的“足够软”的软文。这类软文的发布渠道很多。

发布渠道一：和上面第一类软文发布一样，QQ群找门户网站的编辑直接发布，如果你认识他们更好，不用掏钱也能发。

发布渠道二：自己和朋友们的博客。这种渠道也很简单，让朋友们发到自己的博客上，这招在处理负面信息时也非常管用，权重高的新浪、网易、搜狐博客，一夜之间能让你的信息遍布各大搜索引擎。

发布渠道三：通过论坛发布。这种渠道适合那些直接面对消费者的产品，比如汽车、食品、母婴、家居之类的产品，发布到相应的论坛里，收效会很快。当然，发布的论坛要足够火热哦。门户论坛、汽车论坛、食品论坛都很不错。

发布渠道四：自主免费发布。这种方式更爽，自己直接发布就可以了。很多网站都提供了这种渠道，比如站长网就可以直接投稿发布软文，很多站长也很喜欢在上面发布软文；再比如世界工厂资讯频道也可以直接发布软文，尤其适合企业、商家发布软文，让人感到最牛的是，这个网站在软文下面，居然还可以留下企业、商家的联系方式、主营产品等信息，效果自然能达到最大值，感兴趣的朋友不妨到他们那里去试试。

发布渠道五：利用“水军”发布。软文发布得越多，受影响的人就越多，取得的效果也就越大，所以不妨承包给“水军”去发布，他们会根据你的要求发布到论坛、博客、微博上，各种威客网都提供这种服务，猪八戒网、威客中国网都可以。

发布渠道六：利用邮件群发。这招都使老了，但还是有很不错的效果。因为这是软文，不是广告信息，所以很多人还是会看的。

以上是发布在世界工厂网上一篇作者自己总结出来的文章，对于软文发布渠道做了一次汇总，对于软文发布相当有价值。

此外，除了以上发布渠道，可以从另一方面考虑软文是否可以发在这些渠道上，具体考虑的问题包括两点：

1. 网站的具体信息。

（1）此网站日流量怎样。

（2）此网站的主体定位是什么。

（3）此网站的哪一个版块是最活跃的。

（4）此网站在一天中的哪个时间段人流居多。

（5）此网站主体的网民是否是我们的目标客户群。

（6）此网站被搜索引擎收录的情况如何。

（7）此网站文章被转载的情况如何。

（8）此网站在目标群体当中是否具有一定的权威性。

2. 与其相关负责人洽谈软文投放事宜。

（1）每日可以投放多少数量的软文。

（2）如果是一年的话费用多少。

（3）如果在其他门户网站上设置主题版面的话费用多少。

（4）所发稿件有何具体要求，如标题多少字符。

（5）是否可以设置文字连接。

（6）具体与那个执行操作人联系，如果有问题又该直接找谁。

可以免费投放软文的站点

一、站长类网站

虽然站长类网站是为站长服务的，但里面不乏民间高手，而且里面的从业人员也不少。这里重点推荐三个。

1. 中国站长站：老牌站长站，投稿流程非常简单，根本不用注册，而且审核非常快。

2. Admin5：站长站中的后起之秀，投稿也非常容易，不过比中国站长站多了一个注册的流程。

3. 落伍者：一个站长类的论坛，非常有名，不过是封闭注册，里面的内容还是不错的。

二、百度平台

百度平台有很多可以发布软文的地方，小编最喜欢的还是百度文库。百度文库点击量大，而且很多有用的资料都在上面。当然百度知道也是可以当做软文发布平台的，但是需要很小心，而且不能带链接，带链接的很少通过。这点需要大家注意。

三、艾瑞专栏

著名咨询集团 iResearch 打造的网站，内容不错。它最大的优势是它是百度的新闻源，所以你在这里发布的文章，会被百度新闻收录。它的专栏申请过程比较快，朋友们可以试试。这里提醒大家，申请成功后，一定要多加一些站内的圈子。

四、SNS 类站点

SNS 现在非常火，特别是媒体从业人员，非常热衷于此。对于以交流为目的的我们，当然不能放过。推荐开心网、海内、5G、TW 同学录，上面的业内人士非常多，特别是后两个，几乎全是业内人员。

五、博客类站点

主要是针对搜索引擎优化使用的，而且指不定哪天就会被博客编辑发现，给你推荐一下。像各大网站的博客最好都注册一下，比如百度空间、搜狐博客、新浪博客、网易博客等。

【经典软文知识链接】

可以投放软文的免费站点

首字母序列	网站名
A	A5 站长网 艾瑞网 爱帮社区 阿里巴巴商人论坛 ABBS 建筑论坛
B	百度贴吧 斑马网 八月妖爆笑社区
C	Csdn 论坛 车 168 论坛 穿针引线服装论坛
D	豆瓣社区 大旗网 大洋论坛 大河论坛 大众论坛 帝国论坛 电脑报论坛 敦煌外贸论坛 东方财富网论坛 DoNews TMT 社交媒体
E	21CN. COM 论坛
F	凤凰网 蜂鸟网 福建论坛
G	古城热线 国学论坛
H	慧聪网论坛 华声论坛 红网论坛 杭州网论坛 和讯论坛 红豆社区 回龙观社区网 合肥热线

续表

首字母序列	网站名
I	IT168 产品论坛
J	京华论坛 金融界社区
K	考研网 篱笆网 宽带山 凯迪社区
L	落伍者 驴友论坛 老北京网 浏阳之窗 蓝色理想
M	猫扑 麻辣社区 木蚂蚁社区 贸茂网合众外贸论坛
N	女人私房话
P	泡泡俱乐部
Q	齐鲁社区 奇虎悬赏社区 青青岛社区 汽车之家论坛
R	瑞丽女性网 人民网强国社区
S	搜狐社区 39 健康论坛 时尚网 闪吧 19 楼 上海热线社区 搜房业主论坛 塞班智能手机论坛 睡房美女论坛 色影无忌

续表

首字母序列	网站名
T	天涯社区 腾讯论坛 淘宝网论坛 铁血社区 天下美食论坛 TOM 海云天论坛
W	网易北京社区 唯伊网 我爱打折网 望京论坛
X	新浪网论坛 新华论坛网 西祠胡同 西陆专业 厦门小鱼 侠客站长站
Y	丫丫网论坛 摇篮论坛 亦庄生活网论坛 夜时尚
Z	中华网论坛 中国站长站 中国学生网 ZOL 论坛